新 보보고

步步高

중국어 중급

시사중국어사

新步步高 보보고 중국어 중급

초판인쇄	2021년 2월 15일
초판발행	2021년 3월 5일

저자	程相文, 김준헌
책임 편집	하다능, 최미진, 가석빈, 高霞
펴낸이	엄태상
디자인	권진희
조판	이서영
콘텐츠 제작	김선웅, 김현이, 김담이
마케팅	이승욱, 전한나, 왕성석, 노원준, 조인선, 조성민
경영기획	마정인, 조성근, 최성훈, 정다운, 김다미, 오희연
물류	정종진, 윤덕현, 양희은, 신승진

펴낸곳	시사중국어사(시사북스)
주소	서울시 종로구 자하문로 300 시사빌딩
주문 및 교재 문의	1588-1582
팩스	(0502)989-9592
홈페이지	http://www.sisabooks.com
이메일	book_chinese@sisadream.com
등록일자	1988년 2월 13일
등록번호	제1 – 657호

ISBN 979-11-5720-183-9 (14720)
　　　 979-11-5720-142-6 (set)

머리말

 최근 중국어 학습자의 급속한 증가와 더불어 각종 유형의 중국어 교재 역시 봇물을 이루고 있습니다. 그렇지만, 어떤 외국어라도 제대로 배우고자 한다면 반드시 말하기, 듣기, 읽기, 쓰기 이 네 가지 능력을 갖추어야 한다는 사실 또한 부정할 수 없습니다.

 이 책은 중국어의 말하기, 듣기, 읽기, 쓰기의 네 영역을 골고루 향상시키는 것을 목표로, 중국어 학습자들이 범하기 쉬운 오류 교정에 초점을 맞추어 만든 교재입니다. 무엇보다, 한국인 교수님과 중국 현지에서 오랫동안 외국 학생들에게 중국어를 지도했던 교수진이 그동안의 강의 경험을 통하여 얻은 노하우로 한국 학생들이 무엇을 어려워하는지, 또한 그 해결책이 무엇인지를 명쾌하게 제시하고 있습니다.

 본 교재의 특징은 다음과 같습니다.

1 한국에서 중국어를 학습하는 학습자들을 주요 대상으로 삼고 있으며, 발음과 어법 부분은 우리나라 학생들이 틀리기 쉬운 내용에 중점을 두었습니다.

2 본문은 실제 생활과 밀접한 실용적인 내용들로 구성했으므로 학습자들이 학습한 내용을 실생활에 즉시 응용할 수 있습니다.

3 이전 과에서 학습한 문형을 반복적으로 등장시켜서 학습자들이 자연스럽게 복습할 수 있습니다.

4 단순 반복형 문제가 아닌 난이도에 따른 맞춤형 문제로 구성된 워크북은 말하기, 듣기, 읽기, 쓰기의 네 영역을 동시에 향상시킬 수 있습니다.

 중국어를 처음 접한 후 혼란으로 가득 찬 여러분들이 본 교재를 통해 더욱 쉽고 효율적으로 중국어를 학습하여 중국인과의 교류에 적극적으로 활용하길 바랍니다. 아울러, 당장 가시적인 성과가 나타나지 않더라도 이 책으로 학습한 여러분이 중국어와 친숙해지고 자신감을 회복하는 계기가 된다면, 그것만으로도 절반의 성공이라 생각합니다.

이 책의 구성

학습내용 및 단어

학습내용을 미리 살펴보며 핵심 내용을 한눈에 도장 쾅!
단계별 난이도를 고려한 각 과의 필수 어휘를 통해 감각을 익힙니다.
본문 페이지와 단어 페이지가 따로 분리되어 있어 단어 암기에 더욱
효율적입니다.

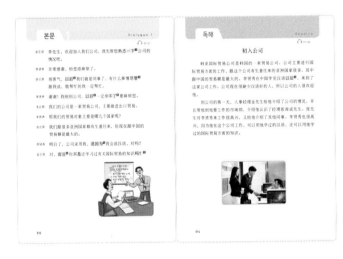

본문 & 독해

다정과 현수, 그리고 린샤오잉이
펼치는 유쾌한 생활 스토리를 통
해 중국어 회화 실력도 높이고 문
법 기초도 탄탄하게 쌓아 보세요!

문법 해설

본문 회화 및 독해에서 핵심이 되
는 문법 내용을 알차게 모았습니
다. 맥락을 짚은 해설과 적절한 예
문을 통해 본문 내용을 200% 이
해할 수 있습니다.

문형 연습

문형의 핵심 틀만 파악하면 다양한 상황에서 활용할 수 있습니다. 주어진 어휘로 새로운 문장을 만들어 보며 중국어 핵심 문형을 내 것으로!

중국 문화이야기 & PLUS 단어 및 문장

우리나라와 닮은 듯 다른 중국!
흥미로운 문화 현상을 통해 중국을 간접 경험하고, 실제 회화 상황 속 활용도가 높은 문장 및 주제별 단어를 익혀 보세요!

워크북

본 교재의 알짜배기 학습 코너! 다양한 유형의 문제를 난이도에 맞춰서 정리했습니다. 외국어는 직접 말하고, 듣고, 읽고, 써 봐야 실력이 늘죠! 본 책에서 배운 내용을 복습하며 진짜 자신의 것으로 만드세요!

01 请多指教。

학습내용
- '一下'와 목적어의 위치
- '以后'
- '尽管'
- '少不了'
- 'A是因为B'

- '而且'
- 부정반어문 '不是A吗?'
- '在A上'
- '向+사람+请教'
- PLUS 문장 '회사에서 자주 쓰는 중국어 한마디'

02 只要签个字就可以了。

학습내용
- 가정복문을 만드는 '如果A的话'
- 강조를 나타내는 '可A了'
- 복잡한 명사 수식어의 어순

- 필요조건을 나타내는 '只要A就B'
- 'A其实B'
- 평서문의 선택 표현 'A或者B'

03 你是怎么学习的?

학습내용
- 의문사 '什么'의 임의지시 용법
- '关于'
- '以前'
- 동등비교문을 나타내는 '有'
- '对A来说'

- '特别是A'
- 복합방향보어 '出来'의 파생 용법
- '只能A'
- 점층복문을 만드는 '不仅A, 也B'

林小英 린샤오잉

다정이의 친한 동생 린샤오잉. 학업과 번역 아르바이트까지 병행하며 바쁜 하루를 보낸다. 몸이 열 개라도 모자라!

金多情 김다정

베이징에서 계속 공부하며 중국어 실력이 일취월장 중이다. 린샤오잉과 서로의 모국어를 알려주며 함께 성장한다.

李贤秀 이현수

베이징에서 학업을 마치고 한국으로 돌아온 현수, 한아국제무역회사 영업부에 입사하다! 그동안 배운 중국어를 적재적소에 활용하며 회사에 꼭 필요한 인재로 인정받는다.

张浚成 장준성

한아국제무역회사 영업부장이자 현수의 든든한 사수이다. 회사 일로 매일 바쁘지만 매일 하루를 힘차게 시작한다.

朴英美 박영미

한아국제무역회사의 비서로 근무하며, 현수의 회사생활 곳곳에서 큰 도움을 준다.

01 请多指教。

많은 지도 부탁드립니다.

학습내용

- '一下'와 목적어의 위치
- '以后'
- '尽管'
- '少不了'
- 'A是因为B'

- '而且'
- 부정반어문 '不是A吗?'
- '在A上'
- '向+사람+请教'
- PLUS 문장 '회사에서 자주 쓰는 중국어 한마디'

단어 01-01

指教 zhǐjiào 통 지도하다	加入 jiārù 통 가입하다, 들어오다
熟悉 shúxi 통 익히 알다 형 익숙하다	情况 qíngkuàng 명 상황, 정황
添 tiān 통 보태다, 더하다	
麻烦 máfan 명 폐, 번거로움 통 귀찮게 하다 형 귀찮다	
尽管 jǐnguǎn 부 얼마든지	贸易 màoyì 명 무역
进口 jìnkǒu 명 수입 통 수입하다	出口 chūkǒu 명 수출 통 수출하다
对象 duìxiàng 명 대상	往来 wǎnglái 명 거래 통 거래하다
额 é 명 액, 일정한 수량	录用 lùyòng 통 채용하다
国际 guójì 명 국제	知识 zhīshi 명 지식
同事 tóngshì 명 동료	市场 shìchǎng 명 시장, 마케팅
部 bù 명 부서	经理 jīnglǐ 명 책임자, 부장
缺少 quēshǎo 통 부족하다	请教 qǐng jiào 통 지도를 바라다
共同 gòngtóng 부 함께, 다같이	其他 qítā 명 기타, 그 외

고유 명사

亚洲 Yàzhōu 지명 아시아	金正男 Jīn Zhèngnán 인명 김정남
张浚成 Zhāng Jùnchéng 인명 장준성	

🎧 01-02

金正男　李先生，欢迎加入我们公司，我先带您熟悉一下❶公司的情况吧。

李贤秀　非常感谢，给您添麻烦了。

金正男　别客气，以后❷我们就是同事了，有什么事情尽管❸跟我说，能帮忙的我一定帮忙。

李贤秀　谢谢！我刚到公司，以后❷一定少不了❹要麻烦您。

金正男　我们的公司是一家贸易公司，主要做进出口贸易。

李贤秀　那我们的贸易对象主要是哪几个国家呢？

金正男　我们跟很多亚洲国家都有生意往来，但现在跟中国的贸易额是最大的。

李贤秀　明白了，公司录用我，是因为❺我会说汉语，对吗？

金正男　对，而且❻你不是还学习过有关国际贸易的知识吗？❼

🎧 01-03

金正男　各位同事，我来给大家介绍一下❶，这位是我们公司的
　　　　新同事，从今天开始，他就要来市场部工作了。

李贤秀　大家好！我叫李贤秀，以后❷请大家多指教。

金正男　贤秀，我来给你介绍你们市场部的经理张浚成先生。

张浚成　欢迎你，李先生，我们市场部现在很缺少汉语好的人，
　　　　公司能请到你来帮忙，真是太好了。

李贤秀　谢谢您，张经理。能来到公司工作，我也很高兴，
　　　　以后❷在工作上❽，一定会有很多东西要向张经理请教❾。

张浚成　你太客气了，以后❷我们共同努力，互相帮助吧。
　　　　来，我给你介绍其他同事。

初入公司

　　韩亚国际贸易公司是韩国的一家贸易公司。公司主要进行国际贸易方面的工作，跟这个公司有生意往来的亚洲国家很多，其中跟中国的贸易额是最大的。李贤秀在中国学完汉语以后❷，来到了这家公司工作。公司现在很缺少汉语好的人，所以公司的人很欢迎他。

　　到公司的第一天，人事经理金先生给他介绍了公司的情况，并且带他到他要工作的市场部，介绍他认识了经理张浚成先生。张先生对李贤秀来工作很高兴，又给他介绍了其他同事。李贤秀也很高兴，因为他在这个公司工作，可以用他学过的汉语，还可以用他学过的国际贸易方面的知识。

문법 해설

1 '一下'와 목적어의 위치

'下'는 짧은 시간 동안 행해지는 동작의 횟수를 세는 동량사이다. '一下'와 같은 '수사+동량사'가 목적어와 함께 등장할 때, 목적어의 위치는 목적어의 성격에 따라서 달라진다. 목적어가 일반 명사라면 '수사+동량사'의 뒤에 위치하고, 인명이나 지명이라면 앞뒤 둘 다 가능하다. 만약 목적어가 대명사라면 '수사+동량사'의 앞에만 올 수 있다.

◎ 목적어가 일반 명사인 경우

· 她敲了一下门。 그녀는 문을 한 번 노크했다.

◎ 목적어가 인명 혹은 지명인 경우

· 我去过中国一次。(= 我去过一次中国。)
  나는 중국에 한 번 간 적이 있다.

◎ 목적어가 대명사인 경우

· 我见过她一次。 나는 그녀를 한 번 본 적이 있다.

2 '以后'

단독으로 시간명사처럼 쓰여서 '앞으로', '이후', '미래' 등의 뜻을 나타내거나 명사, 주술문, 동사(구) 등의 뒤에서 '~한 다음'이라는 뜻을 나타낸다.

◎ 앞으로, 이후에

· 以后，你要更加努力学习。
  앞으로 너는 더욱 열심히 공부해야 한다.

◎ ~한 다음

· 毕业以后，你想做什么工作?
  졸업한 다음, 너는 무슨 일을 하고 싶니?

문법 해설

3 '尽管'

동사(구)의 동작을 할 수 있는 한 '얼마든지', '마음껏' 행할 수 있음을 나타낸다. 일반적으로 뒤에 오는 동사는 긍정형을 사용한다.

- 有问题，同学们尽管问。
  질문이 있으면, 여러분 마음껏 물어보세요.

- 你有什么困难，请尽管告诉我们。
  무슨 어려움이 있다면, 얼마든지 우리에게 말해주세요.

4 '少不了'

'부족하지 않다(많다)' 또는 '없어서는 안 된다(반드시 있어야 한다)'라는 두 가지 뜻을 가지고 있으며, 본문에서는 전자의 의미로 쓰였다.

- 以后少不了向您请教。
  앞으로 당신에게 가르침 받을 일이 많습니다.

- 这工作少不了你的参与。
  이 일에는 당신의 참여가 꼭 필요해요.

＊ **参与** cānyù 참여하다

5 'A 是因为 B'

'A는 B 때문이다'라는 뜻을 나타내는 문형으로, 원래는 '因为 B，所以 A(B 때문에 그래서 A하다)'와 같은 '원인결과복문'으로 표현해야 하는 문장을 단문으로 압축한 형태이다.

- 因为要上学，所以我每天八点起床。
  학교에 가야 하기 때문에 그래서 나는 매일 8시에 일어난다.

  = 每天八点起床，是因为我要上学。
  매일 8시에 일어나는 것은 학교에 가야 하기 때문이다.

6 '而且'

주로 '不但A，而且B(A 뿐만 아니라 게다가 B하다)'의 형태로 쓰여서 'A'에서 'B'로 상황이 확대됨을 나타낸다. '不但'은 생략할 수 있으며, 'A'와 'B'에는 단어와 문장 모두 올 수 있다.

- **这位同学(不但)热情而且大方。**
  이 친구는 친절하면서도 통이 크기까지 하다.

- **金经理(不但)歌唱得好，而且舞也跳得不错。**
  김 팀장은 노래를 잘할 뿐만 아니라 춤도 정말 잘 춘다.

* **大方** dàfang 시원스럽다, 대범하다

7 부정반어문 '不是 A 吗?'

'不是'와 '吗' 사이에 있는 내용을 강조하는 부정반어문으로, 'A'에는 주로 동사(구), 형용사(구), 주술(구) 등이 온다. 부정반어문은 강한 긍정을, 긍정반어문은 강한 부정을 나타낸다.

- **你不是喜欢喝茶吗?**
  너 차 마시는 거 좋아하지 않아? (차 마시는 걸 무척 좋아한다.)

- **你不是在中国工作过吗?**
  너 중국에서 일한 적 있지 않아? (중국에서 일한 경험이 분명히 있다.)

8 '在 A 上'

'A'에는 일반적으로 명사(구)가 와서 'A라는 범위 안에서'라는 뜻을 나타낸다. 문장의 첫머리에 올 수도 있고, 주어 뒤에 올 수도 있다.

- 在生活上，她处处关心我。
  생활에 있어서 그녀는 이모저모 나에게 신경을 써준다.

- 在这个问题上，我们的看法是一样的。
  이 문제에 있어서 우리들의 관점은 동일하다.

- 她在汉语学习上很认真。
  그녀는 중국어 공부에 있어서는 아주 열심이다.

* **处处** chùchù 각 방면에 | **关心** guān xīn 관심을 기울이다 | **认真** rènzhēn 열심히 하다

9 '向 + 사람 + 请教'

'向 + 사람 + 请教(+ 목적어)' 또는 '请教 + 간접목적어(사람) + 직접목적어'와 같은 문형을 써서 '누군가'에게 '가르침을 구하다'라는 뜻을 표현한다.

- 有不懂的问题就向老师请教。
  이해하지 못하는 문제가 있으면 바로 선생님에게 가르침을 받는다.

- 我想请教你一件事。
  나는 너에게 한 가지 가르침을 받고 싶다.

문형 연습

01-05

① 尽管 ， 。 ~하면 얼마든지 ~해요. ~할게요.

예 你有什么事情尽管跟我说，我能帮忙的一定帮忙。
당신 무슨 일이 있으면 얼마든지 제게 이야기해요. 제가 도와줄 수 있는 일은 꼭 도울게요.

你有什么新书
Nǐ yǒu shénme xīn shū

你有什么意见
Nǐ yǒu shénme yìjiàn

你们有什么困难
Nǐmen yǒu shénme kùnnan

借给我
jiègěi wǒ

提出来
tí chūlái

告诉我
gàosu wǒ

我看完就还给你
wǒ kànwán jiù huángěi nǐ

我一定会改正的
wǒ yídìng huì gǎizhèng de

我会帮助解决的
wǒ huì bāngzhù jiějué de

② ， 而且 。 ~하고, 게다가 ~하기도 해요.

01-06

예 她歌唱得好，而且舞也跳得不错。
그녀는 노래도 잘하고, 게다가 춤도 잘 춰요.

我已经结婚了
Wǒ yǐjīng jié hūn le

我参加过两次汉语水平考试
Wǒ cānjiā guo liǎng cì Hànyǔ shuǐpíng kǎoshì

我们商店的衣服质量好
Wǒmen shāngdiàn de yīfu zhìliàng hǎo

有了一个孩子
yǒu le yí ge háizi

通过了六级
tōngguò le liù jí

价钱最便宜
jiàqián zuì piányi

회사에서 자주 쓰는 중국어 한마디

您好! 我是营业一部的金科长。
Nín hǎo! Wǒ shì yíngyè yī bù de Jīn kēzhǎng.
안녕하세요! 저는 영업 1부 김 과장입니다.

会议预计明天开。
Huìyì yùjì míngtiān kāi.
회의는 내일 할 예정입니다.

好的，我帮您转接负责人。
Hǎo de, wǒ bāng nín zhuǎnjiē fùzérén.
네. 담당자 전화 연결해 드리겠습니다.

现在组长去出差了，不在办公室。
Xiànzài zǔzhǎng qù chūchāi le, bú zài bàngōngshì.
지금 팀장님이 출장가셔서 자리에 안 계십니다.

您能用电子邮件发过来吗?
Nín néng yòng diànzǐ yóujiàn fā guòlái ma?
이메일로 보내주시겠어요?

需要帮您留言吗?
Xūyào bāng nín liúyán ma?
메모 남겨드릴까요?

谢谢您跟我们做交易。
Xièxie nín gēn wǒmen zuò jiāoyì.
저희와 거래해 주셔서 감사합니다.

02 只要签个字就可以了。

서명만 하시면 됩니다.

 학습내용

- 가정복문을 만드는 '如果 A 的话'
- 강조를 나타내는 '可 A 了'
- 복잡한 명사 수식어의 어순

- 필요조건을 나타내는 '只要 A 就 B'
- 'A 其实 B'
- 평서문의 선택 표현 'A 或者 B'

단어 🎧 02-01

秘书 mìshū 명 비서

头儿 tóur 명 끝

抽 chōu 통 피우다

幽默 yōumò 형 유머러스하다

复印机 fùyìnjī 명 복사기

楼梯 lóutī 명 계단

代理 dàilǐ 명 대리 [직급]

负责 fùzé 통 담당하다, 책임지다

需要 xūyào 명 요구 통 필요로 하다

签字 qiān zì 통 서명하다

根本 gēnběn 부 전혀, 아예

环境 huánjìng 명 환경

一般 yìbān 형 일반적이다

里边儿 lǐbiānr 명 안, 내부

卫生间 wèishēngjiān 명 화장실

烟 yān 명 담배

复印 fùyìn 통 복사하다

用品 yòngpǐn 명 용품

拐角 guǎijiǎo 명 모퉁이

专门 zhuānmén 부 전문적으로, 일부러

管理 guǎnlǐ 통 관리하다

签 qiān 통 서명하다

其实 qíshí 부 사실은

条子 tiáozi 명 메모

走廊 zǒuláng 명 복도

通知 tōngzhī 명 통지 통 알리다

고유 명사

朴英美 Piáo Yīngměi 인명 박영미

🎧 02-02

朴英美　李先生，请跟我来，我给您介绍一下我们的办公室。

李贤秀　好的。麻烦您了。

朴英美　别客气，我是公司的秘书，我叫朴英美，这是我应该做的。

李贤秀　谢谢！

朴英美　您看，这就是我们的办公室，最里边儿的小房间是
张经理的办公室。您的桌子在那边的窗户旁边，
怎么样，满意吗？

李贤秀　很满意，没问题。

朴英美　从我们办公室出去往左拐，走到头儿就是卫生间。
往右拐，走到头儿就是我们的咖啡室，如果您抽烟的话**❶**，
也可以在休息时间到那儿去。

李贤秀　很方便，但是，如果**❶**记错了，可就麻烦了**❷**！

朴英美　您太幽默了！

🎧 02-03

朴英美　李先生，您在找什么?

李贤秀　啊，是朴小姐，我想用用复印机，但不知道在哪里。

朴英美　是这样啊，请您跟我来吧。您看，咱们公司的大部分办公
　　　　用品都在楼梯拐角的这个房间**❸**里。这里有位申代理专门
　　　　负责管理这些东西**❸**，您需要什么，也可以到这里来拿，
　　　　只要签个字就**❹**可以了。

李贤秀　这太方便了。

朴英美　但是，其实**❺**您根本不用来。

李贤秀　为什么呢?

朴英美　因为您要做什么，或者**❻**需要什么，只要告诉我就**❹**
　　　　可以了。如果**❶**我不在，您就写个条子放在我的桌子上，
　　　　我回来以后就帮您办了。

李贤秀　那要谢谢您了。

朴英美　别客气，这是我的工作。

02-04

办公环境

　　韩亚国际贸易公司市场部的办公室很大，办公室最里边儿的小房间是经理张先生的办公室。李贤秀的桌子在窗户旁边。公司的秘书朴小姐给他介绍了公司的办公环境，她告诉李贤秀，从办公室出来，走廊左边最后一个房间是卫生间，右边最后一个房间是休息室，也是咖啡室。

　　公司的大部分办公用品都放在楼梯拐角的一个房间里，有位申代理专门负责管理，但是一般李先生自己不用来，因为如果❶他有什么事或者❻需要什么，只要通知朴小姐就可以了。朴小姐会帮他办好的。

1 가정복문을 만드는 '如果 A 的话'

가상의 내용을 '如果'와 '的话' 사이에 넣어서 가정복문을 만든다. '的话'가 종종 생략되지만, '如果'를 생략할 수도 있다. 가정하는 내용은 대부분 복문의 앞에 오며, 회화에서는 뒤에 말하기도 한다.

- 如果有什么问题的话，可以随时来问老师。
  만약 무슨 질문이 있다면, 언제든지 선생님에게 물으러 와도 된다.

- 我一定要参加你的生日晚会，如果公司没事儿的话。
  나는 너의 생일 저녁 파티에 꼭 참석할 거야. 회사에 일이 없다면 말이야.

＊ 随时 suíshí 언제든지

2 강조를 나타내는 '可 A 了'

'대단히 A하다', '너무 A하다' 등 주로 어떤 일에 대해 느낀 감정을 강조하거나 과장스럽게 표현하는 문형으로, 'A'에는 대부분 형용사(구)가 오지만 가끔 동사(구)가 올 때도 있다.

- 你的妹妹可漂亮了。
  네 여동생 정말 예쁘구나.

- 她说的话可气人了。
  그녀가 하는 말은 사람을 너무 화나게 한다.

＊ 气人 qì rén 화나게 하다

문법 해설

3 복잡한 명사 수식어의 어순

명사를 수식하는 성분이 두 가지 이상일 경우, 그 순서는 수식어의 성격이나 명사와의
관계 등 다양한 경우의 수가 있으므로 고정적이지 않다. 가장 자주 볼 수 있는 어순은
'한정성 수식어(장소, 시간 등 명사와 간접적으로 관련되는 내용) + 지시대명사 + 묘사성
수식어(색, 크기, 모습 등 명사와 직접적으로 관련되는 내용)'이다.

◎ 장소[한정]＋的＋지시대명사＋양사＋명사

- 楼梯拐角的那个房间
  계단 모퉁이에 있는 저 방

◎ 시간[한정]＋的＋수사＋양사＋외모[묘사]＋的＋명사

- 前几天看到的一个漂亮的女生
  요 며칠 전에 봤던 어떤 아름다운 여성

4 필요조건을 나타내는 '只要 A 就 B'

'A하기만 하면 B하다'라는 뜻을 나타내는 문형이다. 'A'는 결과인 'B'를 얻기 위한 필요
조건이며, 주어는 '只要'의 앞과 뒤 어디에도 올 수 있다.

- 他只要有钱，就去书店买书。
  그는 돈만 있으면, 서점에 책을 사러 간다.

- 只要你满意，我就放心了。
  네가 만족하기만 하면, 나는 마음이 놓인다.

＊放心 fàng xīn 안심하다

5 'A 其实 B'

'其实'는 '(사)실은', '실제로는'이라는 뜻으로, 'B'에는 종종 'A'와 상반되거나 'A'를 부정하는 내용이 등장한다.

- 看样子他像中国人，其实他是韩国人。
  겉모습을 보면 그는 중국인 같지만, 사실 그는 한국인이야.

- 天气预报说今天很冷，其实不太冷。
  일기예보에서 오늘 춥다고 했는데, 실제로는 그다지 춥지 않다.

6 평서문의 선택 표현 'A 或者 B'

'或者'는 앞뒤에 선택항목을 배치하여 'A 혹은(또는) B'와 같이 둘 중 한 가지를 선택하도록 요구하는 문형을 만든다. 참고로 평서문이 아닌 의문문에서는 접속사 '还是 háishi'를 사용하여 선택의문문을 만든다.

- 今年或者明年去中国，我还没下决定。
  올해 중국에 갈지 내년에 갈지 나는 아직 결정을 못 내렸다.

- 问他或者问我都可以。
  그에게 묻든 혹은 나에게 묻든 둘 다 괜찮다.

- 这本词典是你的还是她的?
  이 사전은 네 것이니 아니면 그녀의 것이니?

* 决定 juédìng 결정하다

문형 연습

1 如果 的话， 。 만약 ~하면, ~해요.
02-05

예 **如果**您抽烟**的话**，也可以在休息时间到那儿去。

만약 당신이 담배를 피우려면, 휴식 시간에 그곳에 가면 돼요.

再认真一点儿
zài rènzhēn yìdiǎnr

能去中国留学
néng qù Zhōngguó liú xué

你去请朴先生
nǐ qù qǐng Piáo xiānsheng

这次一定能过六级
zhè cì yídìng néng guò liù jí

我想去北京大学
wǒ xiǎng qù Běijīng dàxué

他一定会参加我们的讨论会
tā yídìng huì cānjiā wǒmen de tǎolùnhuì

2 ，但是其实 。 ~하지만, 사실은 ~이에요.
02-06

예 需要什么办公用品到这里来拿，**但是其实**您根本不用来。

어떤 사무용품이 필요하면 여기 와서 가져가면 되지만, 사실 당신은 (가지러) 올 필요가 전혀 없어요.

看样子只有三十岁
Kàn yàngzi zhǐyǒu sānshí suì

大家都知道她会做韩国菜
Dàjiā dōu zhīdào tā huì zuò Hánguó cài

大家只知道他会写小说
Dàjiā zhǐ zhīdào tā huì xiě xiǎoshuō

她都四十多岁了
tā dōu sìshí duō suì le

她的中国菜也做得不错
tā de Zhōngguó cài yě zuò de búcuò

他的画儿也画得不错
tā de huàr yě huà de búcuò

03 你是怎么学习的?

당신은 어떻게 공부했나요?

 학습내용

- 의문사 '什么'의 임의지시 용법
- '关于'
- '以前'
- 동등비교문을 나타내는 '有'
- '对A来说'

- '特别是A'
- 복합방향보어 '出来'의 파생 용법
- '只能A'
- 점층복문을 만드는 '不仅A, 也B'

✔ **단어** 🎧 03-01

水平 shuǐpíng 몡 수준	过奖 guòjiǎng 됭 지나치게 칭찬하다
了解 liǎojiě 됭 이해하다	对A来说 duì A lái shuō A에게 있어서
声调 shēngdiào 몡 성조	习惯 xíguàn 몡 습관 됭 습관이 되다
意思 yìsi 몡 뜻	流利 liúlì 혱 유창하다
夸奖 kuājiǎng 됭 칭찬하다	谦虚 qiānxū 혱 겸손하다
好奇 hàoqí 혱 호기심이 많다	特别 tèbié 뮈 특히, 유달리
模仿 mófǎng 됭 모방하다	区别 qūbié 됭 구별하다
提高 tígāo 됭 향상하다	好处 hǎochu 몡 장점, 도움
外语 wàiyǔ 몡 외국어	间 jiān 몡 사이, 중간
交流 jiāoliú 됭 교류하다	甚至 shènzhì 뮈 심지어
捷径 jiéjìng 몡 첩경, 지름길	快速 kuàisù 혱 속도가 빠르다
比如 bǐrú 젭 예컨대	运用 yùnyòng 됭 활용하다
熟练 shúliàn 혱 능숙하다	过程 guòchéng 몡 과정

본문 1

朴英美　李先生，您有时间吗？

李贤秀　有，有什么❶事吗？

朴英美　我听说您的汉语水平很高，
　　　　想问问您关于❷学习汉语的情况。

李贤秀　您过奖了。我只是学过差不多
　　　　一年的汉语，对汉语有一些了解。

朴英美　我听说汉语非常难，是这样吗？

李贤秀　我学习以前❸，也听说是这样，
　　　　但学了以后，发现没有❹大家说的那么难。

朴英美　为什么呢？

李贤秀　因为对韩国人来说❺，汉语的发音并不是特别难，
　　　　只有不多的几个发音比较难，还有就是声调比较难，
　　　　但这一点对别的国家的人也一样。

朴英美　那么语法呢？

李贤秀　汉语的语法跟韩语很不一样，但习惯了就不难了。

朴英美　那您为什么说汉语不难呢？

李贤秀　因为汉语里的很多词跟韩语的词意思、发音都差不多，
　　　　非常容易记住，有时候没学过的词也可以猜到意思。
　　　　你说，这算不算容易呢？

聪明　cōngming　총밍 → 총명하다
农民　nóngmín　눙민 → 농민

金多情　小英，你的韩语越来越流利了。

林小英　是吗？谢谢你的夸奖，我觉得自己还差得远呢。

金多情　你太谦虚了，我很好奇，很多人都说韩语难学，
　　　　你是怎么学的呢？

林小英　刚开始学习的时候，我也觉得韩语很难，特别是**❻**韩语的
　　　　发音，开始有一些发音我根本听不出来**❼**。

金多情　那你是怎么解决这个问题的呢？

林小英　也没有什么特别好的办法，只能**❽**多听、认真模仿，
　　　　等到学习的词汇多了，就知道这些发音的区别了。

金多情　那么其他方面你是怎么提高的呢？

林小英　其实这跟你学习汉语是一样的，多听
　　　　多说多练习就是最好的办法。

金多情　是啊，学习语言，
　　　　这是最好的办法。

林小英　我还有一个好办法。

金多情　是什么？

林小英　就是常常跟你们在一起呀。

金多情　哈哈，这个办法不仅对你有好处，对我们也**❾**一样啊。

🎧 03-04

外语学习

现在，学习外语的人越来越多了。很多人都认识到，外语就像打开不同世界大门的钥匙，有了这把钥匙你就可以看到一个新的世界，知道一些新的知识。而且，现在国际间的文化、贸易交流越来越多，掌握一门外语，工作的机会也多了一些。

也有一些人觉得外语很难学，不知道怎么学才能学好。甚至常常有人希望找到一个捷径来快速地学好外语。其实，学习外语没有什么捷径，但是有一些方法比较有效倒是真的。比如，最好的学习方法是找到你要学习的语言的语言环境，比如留学，跟外国人交朋友，常常用外语交流等。还有就是要多听、多说、多练、多记。语言的运用是一个熟练的过程，只要多练习，一定会很快学会的。

문법 해설

1 의문사 '什么'의 임의지시 용법

중국어의 의문문은 의문 표시 성분이 하나만 있으면 충분한데, 의문사가 의문조사 '吗' 혹은 정반의문문과 동시에 등장하는 의문문이 있다. 이 경우, 의문사는 '불특정한 어떤 것'을 가리키는 대명사 용법으로 쓰인 것이다.

- 你还有什么问题<u>吗</u>? 또 무슨 질문이라도 있나요?
- <u>要不要</u>给她买点儿什么礼物? 그녀에게 무슨 선물이라도 사줘야 할까요?

2 '关于'

명사(구)나 동사(구)를 동반하여 '~에 관하여'라는 뜻을 나타낸다. 주어 앞에 올 수도 있고, 명사의 수식 성분이 될 수도 있다.

- 关于你的建议，我现在在研究。 너의 건의에 관해서 내가 지금 생각하고 있어.
- 我读了两本关于电脑的书。 나는 컴퓨터에 관한 책을 두 권 읽었다.

＊ 建议 jiànyì 건의(하다) ｜ 研究 yánjiū 연구하다, 생각하다

3 '以前'

단독으로 시간명사처럼 쓰여서 '예전에', '이전', '과거' 등의 뜻을 나타내거나 명사, 주술문, 동사(구) 등의 뒤에서 '~ 전에'라는 뜻을 나타내기도 한다.

◎ 예전에, 이전, 과거

- 我比以前更想她了。 나는 예전보다 그녀를 더 그리워하게 되었다.

◎ ~ 전에

- 六点以前，我不回家。 6시 전에, 귀가하지 않을 거야.

문법 해설

4 동등비교문을 나타내는 '有'

'有'는 'A + 有 + B + (这么/那么) + 서술어'의 어순으로 'A는 B만큼 (이렇게/그렇게) ~하다'라는 뜻의 동등비교문을 만들 수 있다. 부정문은 '有'를 부정하는 형식(没有)을 취한다.

- 我弟弟已经有我这么高了。
  내 남동생은 이미 나만큼 이렇게 (키가) 컸어.

- 我没有他那么聪明。
  나는 그만큼 그렇게 똑똑하지는 않아.

5 '对 A 来说'

'A'에 주로 사람 관련 명사를 넣어서 'A의 입장 혹은 관점에서 본다면'이라는 뜻을 나타낸다.

- 对她来说，健康比什么都重要。
  그녀에게 있어서 건강은 무엇보다도 중요하다.

- 对没有做过菜的我来说，连炒饭都非常难。
  요리를 해 본 적이 없는 내 입장에서는 볶음밥도 너무 어려워.

6 '特别是 A'

앞부분에서 포괄적인 상황이나 일반적인 사물 혹은 사람을 언급하고, 'A'에서 그중 특히 중요하거나 의의가 있는 어느 한 부분을 꼬집어 강조한다.

- 他非常喜欢运动，特别是打篮球。
  그는 운동하는 걸 정말 좋아한다. 특히 농구하는 걸.

- 你应该倾听别人的意见，特别是不同意见。
  너는 다른 사람의 견해를 경청해야 해. 특히 다른 의견을.

* 倾听 qīngtīng 경청하다

7 복합방향보어 '出来'의 파생 용법

복합방향보어 '出来'는 안쪽에서 바깥으로 향하는 동작 방향을 나타내지만, 추상적인 의미로 쓰이면 사물 등의 모습이 '숨어 있는 상태에서 명확하게 식별할 수 있는 상태'로 변화함을 나타낸다. 예를 들어 '听 + 得/不 + 出来' 형태의 가능보어는 '(귀로) 들어서 알 수 있다/없다'라는 뜻을 나타낸다.

- 家乡变化真大，我简直认不出来了。
  고향의 변화가 너무 커서 나는 전혀 알아보지 못했다.

- 他们两个真像，我怎么都分不出来。
  그 두 사람은 정말 닮아서 나는 도무지 구별할 수가 없어.

＊ 家乡 jiāxiāng 고향 ｜ 简直 jiǎnzhí 전혀, 아예

8 '只能 A'

'겨우 A만 할 수 있을 뿐', '그저 A밖에는 할 수 없다'라는 뜻으로, 주어진 상황에서 화자가 할 수 있는 일의 범위를 나타낸다.

- 我只能喝一瓶啤酒。 나는 겨우 맥주 한 병 마실 수 있을 뿐이다.
- 我的车非常小，只能坐两个人。 내 차는 너무 작아서 기껏해야 두 명만 탈 수 있어.

9 점층복문을 만드는 '不仅 A, 也 B'

'A 뿐만 아니라 B 또한'이라는 뜻의 점층복문을 만든다. 'B'에는 'A'보다 심화 발전된 내용이 오며, '不仅 + A + (就是 jiùshì/而且 érqiě) + 주어 + 也 + B'와 같이 중간에 접속사 '就是'나 '而且'를 덧붙이기도 한다.

- 我不仅想去中国，也想去美国。
  나는 중국에 가고 싶을 뿐만 아니라 미국에도 가고 싶다.

- 她不仅不喜欢跳舞，(就是)唱歌也不喜欢。
  그녀는 춤추는 걸 싫어할 뿐만 아니라 노래하는 것도 좋아하지 않는다.

문형 연습

1 对　　来说，　　。 ～의 입장에서 보면, ～해요. 🎧 03-05

예 对韩国人来说，汉语的发音并不是特别难。
한국인의 입장에서 보면, 중국어의 발음은 결코 그렇게 어렵지 않아요.

我 wǒ	友谊比金钱更重要 yǒuyì bǐ jīnqián gèng zhòngyào
父母 fùmǔ	孩子健康成长是最重要的 háizi jiànkāng chéngzhǎng shì zuì zhòngyào de
外国学生 wàiguó xuéshēng	跟中国人交流也是学习 gēn Zhōngguórén jiāoliú yě shì xuéxí

2 　　，特别是　　。 ～인데, 특히 ～이에요. 🎧 03-06

예 我也觉得韩语很难，特别是韩语的发音。
저도 한국어가 어렵다고 생각하는데, 특히 한국어의 발음이 그래요.

他爱好体育运动 Tā àihào tǐyù yùndòng	游泳 yóu yǒng
小王很想家 Xiǎo Wáng hěn xiǎng jiā	在生病的时候 zài shēng bìng de shíhou
金小姐做的菜很好吃 Jīn xiǎojiě zuò de cài hěn hǎochī	京酱肉丝 jīngjiàng ròusī

04 倒霉透了。
정말 운수가 사납군요.

 학습내용

- 정도보어로 쓰이는 '透了'
- 관용 표현 '没什么'
- '反正'
- 부사 '幸亏'
- 어기조사 '呗'

- '丢三落四'에서 '落'의 발음
- 강조 구문 '怎么 A 也/都 B'
- '使 A …'를 사용하는 사역문
- 형용사의 뒤에 오는 'A 得多'

단어 🎧 04-01

透 tòu 톙 철저하다, 완전하다	脸色 liǎnsè 명 안색
反正 fǎnzhèng 부 어차피, 어쨌든	幸亏 xìngkuī 부 다행히
支付 zhīfù 동 지불하다	材料 cáiliào 명 자료
客户 kèhù 명 고객, 거래처	赶快 gǎnkuài 부 빨리
呗 bei 조 ～할 따름이다, ～하면 그만이다 [긴 말이 필요 없음을 나타내는 어기조사]	
丢三落四 diūsān làsì 이것저것 잘 잊어버리다	
毛病 máobìng 명 나쁜 버릇	处事 chǔshì 동 일을 처리하다
态度 tàidù 명 태도	运气 yùnqi 명 운수, 운
状况 zhuàngkuàng 명 상황	顺利 shùnlì 형 순조롭다
条理 tiáolǐ 명 두서, 조리	对待 duìdài 동 대처하다
影响 yǐngxiǎng 명 영향 동 영향을 주다	单独 dāndú 명 단독 부 단독으로

🎧 04-02

朴英美   李先生，你脸色不太好，有什么事吗？

李贤秀   别提了，我今天倒霉透了**❶**。

朴英美   怎么了？

李贤秀   早上出来我发现忘了带钥匙，我想没什么**❷**，
　　　　　反正**❸**办公室有人。

朴英美   就是啊，这也没什么**❷**。

李贤秀   可问题是，等我上了车，发现我的钱包也不见了。

朴英美   你忘了带还是被人偷走了？

李贤秀   现在我也不清楚，要等到晚上回家才知道。

朴英美   那公共汽车怎么坐的？

李贤秀   幸亏**❹**有手机，是用手机支付的。

🎧 04-03

金多情　小英，你怎么了？好像心情不大好。

林小英　是啊，我心情特别不好。

金多情　为什么？

林小英　昨天公司交给我一个翻译材料，说明天就要交给客户。

金多情　那有什么不高兴的，赶快翻译就行了呗**5**。

林小英　昨天晚上我接到材料就翻译完了。

金多情　那你还有什么不高兴的？

林小英　问题是，今天早上起来以后，就找不到那个材料了。

金多情　怎么会呢？是不是谁跟你开玩笑，拿走了。

林小英　昨天根本就没人来过我的宿舍。

金多情　那你是不是放哪儿你自己忘了？

林小英　有可能，我平时就有
　　　　丢三落四**6**的毛病。

金多情　那你就不用着急了，
　　　　我陪你一起找找。

处事态度

　　有时候，人会有一些坏运气。比如说，你要找的东西怎么找也**[7]**找不到，你要做的事，怎么做也**[7]**做不好等等。其实，这些都跟运气没什么**[2]**关系，而是跟人的身体、心情、习惯等有关系。比如，如果你工作太累，身体状况不太好，做事出现问题的可能就比较大；心情不好、着急、生气等等也会使**[8]**你觉得做事不顺利；还有一个比较重要的方面就是一个人的生活习惯，如果平时总是没有条理，丢三落四**[6]**，那么在需要一些东西的时候就比较容易找不到。

　　有时候，一个人对待第一个出现的不顺利的事的态度也会影响到后面的事情，就是说，如果你把第一个不顺利的事看作坏运气的开始的话，后面的坏运气往往会跟着来；相反，如果你不是这样看，只是把出现的第一个问题看作一个单独的问题，解决了就没问题了，不影响你的心情的话，后面的事也会顺利得多**[9]**。

문법 해설

1 정도보어로 쓰이는 '透了'

화자의 입장에서 볼 때, 바람직하지 않은 어감으로 사용한 형용사 또는 심리동사 뒤에서 '透'는 '굉장히', '엄청나게'라는 뜻의 정도보어로 쓰이며, 항상 '了'를 동반한다.

- **教室里热透了。**
  교실 안이 엄청나게 더워.

- **那个家伙坏透了。**
  저 녀석은 정말 나빠.

> * **家伙** jiāhuo 녀석 [사람을 깔보거나 서로 친해서 편하게 부르는 호칭]

2 관용 표현 '没什么'

직역하면 '아무것도 없다'라는 뜻이지만, 회화에서 '아무 일도 아니다', '별것 아니다'라는 뜻을 나타내는 관용 표현으로 자주 쓰인다.

- **头有一点儿疼，没什么。**
  머리가 좀 아프기는 하지만, 별것 아니야.

- **他对这件事觉得没什么。**
  그는 이 일에 대해 별것 아니라고 여겼다.

3 '反正'

주로 '不管 bùguǎn', '无论 wúlùn' 등과 함께 쓰여서 어떤 조건이 주어지더라도 '어쨌든' 결론이나 결과에는 아무런 변화가 없을 것임을 강조한다.

- **(不管)下不下雨，反正我要去参加足球比赛。**
  비가 오든 오지 않든, 어쨌든 나는 축구 시합에 참가하러 갈 거야.

- **这个东西贵也好，便宜也好，反正我不买。**
  이 물건이 비싸든 저렴하든 상관없어. 어쨌든 나는 안 살 거니까.

문법 해설

4 부사 '幸亏'

주로 주어 앞에서 '다행스럽게도'라는 뜻을 나타내는데, 뒤에는 '才 cái 겨우'나 '要不 yàobù 그렇지 않았다면' 등이 이어진다.

- 幸亏她发现及时，才没有发生火灾。
  다행스럽게도 그녀가 제시간에 발견해서 화재가 발생하지 않았다.

- 幸亏我认真复习第三课，要不就考砸了。
  다행스럽게도 내가 제3과를 열심히 복습했으니 망정이지 안 그랬으면 시험을 망쳤을 거야.

＊ 火灾 huǒzāi 화재 ｜ 砸 zá 실패하다, 망치다

5 어기조사 '呗'

'就行了 jiù xíngle'나 '就得了 jiù déle' 뒤에 쓰여서 가벼운 어투로 '~하면 되잖아'라는 '권유' 혹은 '위안'을 표현한다.

- 你再写一遍就行了呗。
  다시 한 번 더 쓰면 되잖아.

- 人家道歉就得了呗。
  사람이 사과했으면 됐잖아.

＊ 道歉 dào qiàn 사과하다

6 '丢三落四'에서 '落'의 발음

'落 luò 떨어지다'가 (무엇인가를) 빠트리다', '깜빡하다'라는 뜻의 동사로 쓰일 때는 'là'로 발음한다.

- 你一定要改掉丢三落四的习惯。
  너는 깜빡깜빡하는 습관을 반드시 고쳐야 해.

- 我把汉语书落在宿舍里了。
  중국어 책을 기숙사에 깜빡했어.

7 강조 구문 '怎么A也/都B'

여기서 '怎么'는 의문사가 아니라 '(제)아무리 A하더라도 B하다'라는 뜻의 강조 용법으로 쓰였다.

- 她写的字，我怎么看也看不懂。
  그녀가 쓴 글자는, 내가 아무리 봐도 알아볼 수가 없다.

- 怎么让他唱也不唱。
  아무리 그에게 노래를 시켜도 노래하지 않는다.

8 '使A …'를 사용하는 사역문

'使'는 'A에게 ~을 시키다'라는 사역동사이다. '使'가 쓰인 문장은 종종 의미적으로 볼 때, '使' 앞부분은 원인, '使' 뒷부분은 결과를 나타낸다.

- 家乡的草木使我感到亲切。
  고향의 풀과 나무는 나로 하여금 따스함을 느끼게 했다.

- 她的谎言使我们的友谊破裂了。
  그녀의 거짓말은 우리들의 우정을 부서지게 만들었다.
  (그녀의 거짓말 때문에 우리의 우정은 부서지고 말았다.)

  ＊ 谎言 huǎngyán 거짓말 ｜ 破裂 pòliè 깨지다. (사이가) 틀어지다

9 형용사의 뒤에 오는 'A得多'

비교의 대상이 구체적으로 드러나지 않더라도 형용사 뒤에 '得多'를 쓰면 비교의 의미가 생겨서 '(~에 비해 상대적으로) 훨씬 A하다'라는 뜻을 나타낸다.

- 我的成绩比预想的好得多。
  내 성적은 예상했던 것보다는 훨씬 더 좋았다.

- 她说话的速度快得多。
  그녀의 말하는 속도가 훨씬 더 빠르다.

  ＊ 预想 yùxiǎng 예상(하다)

문형 연습

04-05

1 ＿＿，反正＿＿。 ～이에요. 어쨌든 ～일 거니까요.

예 **我想没什么，反正办公室有人。**

나는 별일 아니라고 생각했어요. 어쨌든 사무실에 사람이 있을 테니까요.

你别着急
Nǐ bié zháojí

晚上下不下雨
Wǎnshang xià bu xià yǔ

咱们自己去吧
Zánmen zìjǐ qù ba

不是什么要紧的事情
búshì shénme yàojǐn de shìqing

我们都去上辅导课
wǒmen dōu qù shàng fǔdǎokè

小王不来了
Xiǎo Wáng bù lái le

04-06

2 **幸亏**＿＿，＿＿。 다행히도 ～해서(～해서 다행이지), ～했어요.

예 **幸亏有手机，是用手机支付的。**

다행히 휴대폰이 있어서, 휴대폰으로 지불했어요.

带了地图
dài le dìtú

你开车送我
nǐ kāi chē sòng wǒ

我们来得早
wǒmen lái de zǎo

我们才没迷路
wǒmen cái méi mí lù

要不我就迟到了
yào bù wǒ jiù chídào le

才买到了HSK的书
cái mǎidào le HSK de shū

05

我想买去上海的飞机票。

저는 상하이로 가는 비행기표를 사려고 합니다.

📖 학습내용

- 복합방향보어 '过去'
- 기점을 나타내는 '从 A 起 …'
- 접속사 '不过'

- 중국의 열차 종류 표기
- PLUS 단어 '중국과 한국 기업의 직위 비교'

단어 🎧 05-01

航空 hángkōng 몡 항공	航班 hángbān 몡 운행표, 취항편
资料 zīliào 몡 자료	硬卧 yìngwò 몡 (열차의) 일반 침대석
电子邮件 diànzǐ yóujiàn 몡 이메일, 전자우편	
从A起… cóng A qǐ … A부터 ~하기 시작하다	
不过 búguò 젭 그런데, 그러나	铺 pù 몡 침대석, 침상
上铺 shàngpù 몡 (열차 침대칸의) 위층 침대석	发车 fā chē 통 발차하다, 출발하다
到达 dàodá 통 도착하다	列车 lièchē 몡 열차
时刻 shíkè 몡 시각, 시간	时刻表 shíkèbiǎo 몡 시간표
原因 yuányīn 몡 원인	交通 jiāotōng 몡 교통
安全 ānquán 몡 안전 톙 안전하다	选择 xuǎnzé 몡 선택 통 선택하다
春节 Chūn Jié 몡 설날(음력)	寒假 hánjià 몡 겨울방학
暑假 shǔjià 몡 여름방학	

고유 명사

东方航空 Dōngfāng hángkōng 동방항공 [중국의 항공회사]

长沙 Chángshā 창사 [중국 후난성(湖南省)의 성도(省都)]

🎧 05-02

李贤秀　您好，请问是航空公司订票处吗？

售票员　是的，请问您要订哪天的机票？

李贤秀　我想订两张后天到上海的机票。

售票员　后天什么时间？

李贤秀　后天早上的机票，有吗？

售票员　有，是东方航空公司的航班。早上8：30的。

李贤秀　好的，就订这个票吧。

售票员　那么请问几位呢？

李贤秀　两位。

售票员　您能告诉我他们的姓名和身份证号码吗？

李贤秀　是两位韩国人，等一下我把他们的资料给你们发
　　　　电子邮件过去❶吧。

售票员　好的，谢谢！再见。

🎧 05-03

林小英　你好，我想买一张星期四晚上到长沙的票。

售票员　星期四晚上的T**4**41次，对吗？

林小英　对，请问有硬卧吗？

售票员　对不起，星期四晚上的硬卧没有了，从现在起**2**到星期五
　　　　T41次都没有硬卧了。

林小英　那么有没有别的车呢？

售票员　还有一趟车，K**4**63，是到广州的，经过长沙，而且还有
　　　　硬卧，不过**3**也只有上铺了。

林小英　没关系，我就买这个吧。

售票员　好的，您要的是星期四，24号晚上的K63到长沙的硬卧
　　　　一张，对吗？

林小英　对。请问，发车和到达时间跟T41一样吗？

售票员　网上有列车时刻表。
　　　　您可以查查。

林小英　好，谢谢。

出门旅行

现在，因为各种原因出门旅行的人越来越多了。有的人是因为要到别的地方学习，有的人是因为到外地工作，也有人只是为了到一个自己不熟悉的地方去玩儿玩儿，看看。这就带来了一个新的问题，就是交通，怎么才能更快、更安全地到达自己想去的地方呢？

在中国，大部分人还是选择了火车这种方式，跟汽车比较，火车更舒服，也更快，更安全，而且也比飞机便宜很多。但要坐火车的人太多，也有一些新的问题，比如，到了春节、寒假、暑假等时间，买火车票就比较难了。

如果事情比较急，那人们就会选择飞机，因为大部分时间飞机票都不是特别难买的，只是有时会贵一点儿，有时就比较便宜。

1 복합방향보어 '过去'

'过去'는 동사의 동작 결과, 사물이나 사람이 화자로부터 멀어지거나 스쳐지나감을 나타낸다.

① 목적어가 일반 사물이나 사람이면, 방향보어의 사이 혹은 복합방향보어의 뒤, 어느 쪽에나 올 수 있다.

- 我给她递过一本汉语词典去。(= 我给她递过去一本汉语词典。)
  나는 그녀에게 중국어 사전 한 권을 건네주었다.

② 간혹 일반 명사 목적어가 동사와 복합방향보어 사이에 오는 경우도 있다.

- 王老师要从我们班里拉几个学生出去。
  왕 선생님은 우리 반에서 학생 몇 명을 뽑아 가려고 하신다.

③ 장소 목적어는 방향보어 사이, 즉 '过'와 '去'의 사이에 온다.

- 他走过教室去了。
  그는 교실을 가로질러 갔다.

④ 의미가 추상화되어 사람(의 정신)이 비정상적인 상태가 됨을 나타내기도 한다.

- 听到这个消息，她一下子昏过去了。
  이 소식을 듣고, 그녀는 바로 기절해버렸다.

                                     * 拉 lā 끌다, 뽑다 | 昏 hūn 기절하다, 어지럽다

2 기점을 나타내는 '从 A 起 …'

'从'과 '起'의 사이에 시간명사 혹은 장소명사를 넣어서 시작 시간이나 출발 지점을 나타낸다.

- 从今天起，我不喝酒了。   오늘부터 나는 술을 마시지 않을 거야.
- 从这儿起，跟着我来。   여기서부터는 나를 따라와라.

문법 해설

3 접속사 '不过'

두 번째 문장의 첫머리에 쓰여서 앞에서 언급한 내용의 일부를 수정하거나 앞에서 말한 내용과는 다른 견해를 제시한다. '但是'보다는 가벼운 어감을 가지고 있으며, 주로 회화에서 사용한다.

- 考试成绩不太好，不过他并不灰心。
  시험 성적이 그다지 좋지는 않지만, 그러나 그는 실망하지 않는다.

- 我学过这个汉字，不过现在忘了怎么念。
  나는 이 한자를 배운 적이 있기는 하지만, 어떻게 읽는지 지금은 잊어버렸다.

＊ 灰心 huī xīn 낙담하다

4 중국의 열차 종류 표기

중국의 열차 번호는 열차의 종류를 표시하는 알파벳과 숫자의 조합으로 구성되어 있다. 여기서의 '알파벳'은 기차 차종의 중국어 병음 첫 글자이다.

- D : 动车 dòngchē 고속철
- K : 快速 kuàisù 쾌속
- T : 特快 tèkuài 특급쾌속
- Z : 直达特快 zhídá tèkuài 직통특급쾌속

문형 연습

1 从　起，　　。 ~부터, ~이에요.

05-05

예 **从现在起，到星期五T41次都没有硬卧了。**
지금부터 금요일까지 T41 일반 침대석은 모두 매진됐습니다.

下星期一 xià xīngqīyī	我每天晚上都去上汉语辅导班 wǒ měitiān wǎnshang dōu qù shàng Hànyǔ fǔdǎobān
下周一 xià zhōuyī	我每天晚上都要去饭店打工 wǒ měitiān wǎnshang dōu yào qù fàndiàn dǎ gōng
九月一号 jiǔ yuè yī hào	我每天早上七点来教你们太极拳 wǒ měitiān zǎoshang qī diǎn lái jiāo nǐmen tàijíquán

2 　　，不过　　。 ~인데, 그러나 ~이에요.

05-06

예 **还有硬卧，不过也只有上铺了。**
일반 침대석이 있긴 한데, 상단 자리밖에 없어요.

我学过这个字 Wǒ xuéguo zhè ge zì	现在忘了念什么 xiànzài wàng le niàn shénme
那个电影很有意思 Nà ge diànyǐng hěn yǒu yìsi	看的人不多 kàn de rén bù duō
虽然外边下着大雪 Suīrán wàibiān xiàzhe dàxuě	一点儿也不冷 yìdiǎnr yě bù lěng

중국과 한국 기업의 직위 비교

중국 기업 직위	우리나라 기업 직위
董事长 dǒngshìzhǎng 동사장	회장
副董事长 fù dǒngshìzhǎng 부동사장	부회장
总经理 zǒngjīnglǐ 총경리	사장
副总经理 fù zǒngjīnglǐ 부총경리	부사장
董事 dǒngshì 동사	이사
总监 zǒngjiān 총감	전무 · 상무 · 본부장
经理 jīnglǐ 경리	부장 · 팀장
主任 zhǔrèn 주임	차장 · 과장
职员 zhíyuán 직원	사원
实习生 shíxíshēng 실습생	인턴

* 직종별 차이가 있음

06

我们有五六年没有见面了吧?

우리 5~6년 동안 만나지 못했죠?

 학습내용

- '真'과 '真的'
- 어림수 표시
- '可不是吗'
- 순서를 나타내는 '先 A 后来 B'

- '对 A 동사(구)/형용사(구)'
- 의문사 의문문과 '呢'
- '在 A 中'

 단어 🎧 06-01

整整 zhěngzhěng 형 온전한, 꼭, 꼬박	嗨 hāi 감 아휴
读 dú 동 읽다, 공부하다	研究生 yánjiūshēng 명 대학원생
医科 yīkē 명 의과	医生 yīshēng 명 의사
中医 zhōngyī 명 중의학, 한방의	中药 zhōngyào 명 중의약
辞职 cí zhí 동 사직하다	亲自 qīnzì 부 몸소
体验 tǐyàn 동 체험하다	聚会 jùhuì 명 모임
学历 xuélì 명 학력	人际 rénjì 명 사람과 사람 사이
上级 shàngjí 명 상사	下属 xiàshǔ 명 부하(직원)
金钱 jīnqián 명 금전	尊重 zūnzhòng 동 존중하다
喜爱 xǐ'ài 동 좋아하다	办 bàn 동 처리하다
确实 quèshí 부 확실히	寂寞 jìmò 형 고독하다
随着 suízhe ~에 따라	发展 fāzhǎn 동 발전하다
现代 xiàndài 명 현대	观念 guānniàn 명 관념
完全 wánquán 부 완전히	服务业 fúwùyè 명 서비스업
发达 fādá 동 발달하다	因此 yīncǐ 접 그래서
呆 dāi 동 머무르다	

고유 명사

崔永涣 Cuī Yǒnghuàn 인명 최영환

🎧 06-02

崔永涣　贤秀，能找到你真**❶**不容易呀，我问了很多人，才知道你的电话。

李贤秀　是啊，这么多年不见，刚接到你的电话，真**❶**不敢相信是你。

崔永涣　说起来，我们有五六**❷**年没有见面了吧？

李贤秀　可不是吗**❸**！从高中毕业就没见过面，算起来整整七年了。

崔永涣　怎么样，贤秀，这些年过得好吗？

李贤秀　嗨，也没什么特别的，高中毕业读大学，大学毕业读研究生，现在在一家贸易公司工作，你呢？你这几年是怎么过的？

崔永涣　我嘛，你知道的，高中毕业考上了一个医科大学，大学毕业以后，先做了几年医生，后来**❹**开始对**❺**中医中药感兴趣，就辞了职，来中国学习中医。

李贤秀　中医有时候真的**❶**比西医还有效。

崔永涣　所以我就来中国了，想亲自体验和了解一下。

본문

06-03

林小英　这次回去，我们高中同学聚会了一次，特别有意思。

金多情　你跟你的同学们已经几年没见面了吧？

林小英　是啊，大部分同学都三四年没见过面了。大家高中毕业
　　　　以后见面的机会就不多了。

金多情　那你的同学们现在生活都怎么样呢⑥？

林小英　大部分同学跟我差不多，正在读大学，但也有高中毕业
　　　　没有考上大学的，就工作了。

金多情　他们的工作理想吗？

林小英　没有那么理想，现在在中国，学历还是非常重要的。

🎧 06-04

人际关系

　　在中国文化中❼，人和人的关系非常重要。一般中国人认为，自己和上级、下属、同事的关系，自己和家庭的关系都是最重要的。除了上面说的两种关系以外，再有就是朋友之间的关系了。大部分人觉得朋友比金钱更重要。朋友多的人总是受到人们的尊重和喜爱。人们说这样的人人际关系好。有时候，要办一些事情，也确实需要朋友们的帮助，而且，有了朋友，就不太容易寂寞。

　　不过，随着社会的快速发展，现代人的观念跟以前也不完全一样了。比如说，现在服务业比较发达，人们在生活方面需要朋友的帮助已经不像以前那么多了；而且，现在的城市生活越来越忙，人们越来越没有时间跟朋友在一起了。因此，现在有很多都市里的年轻人，下班以后找不到朋友，只能一个人呆在家里了。

1 '真'과 '真的'

'真'과 '真的'는 둘 다 '정말로', '진짜로'라는 뜻을 나타내지만, 문법적으로 보면 '真'은 부사, '真的'의 '真'은 형용사이다. 일반적으로 형용사 '真'이 동사나 형용사를 수식하거나 스스로 서술어가 될 때는 '真的'의 형태로 써야 한다.

◉ 부사 '真'

- 这篇文章写得真不错。
  이 글은 정말 잘 썼다.

◉ 형용사 '真的'

- 她说的话是真的。
  그녀가 한 말은 정말이다.
- 我真的想吃她做的菜。
  나는 정말로 그녀가 만든 요리를 먹고 싶다.

2 어림수 표시

이웃한 두 개의 숫자를 연속하여 말하면 어림수를 나타낼 수 있다.

- 六七个人　예닐곱 명의 사람
- 三四十本书　30~40권의 책

문법 해설

3 **'可不是吗'**

회화에서 '누가 아니래', '그렇고 말고'와 같이 주로 상대방의 말에 대해 찬성하거나 동의한다는 뜻에서 맞장구를 칠 때 사용하는 관용 표현이다. '可不是 kě búshì', '可不 kě bù'라고 말하기도 한다.

- A 我们好久没见到王老师了。
  우리, 왕 선생님을 한참 동안 못 만나뵈었지.

- B 可不是吗! 明天去学校看看她吧。
  누가 아니래! 내일 학교에 선생님 좀 만나뵈러 가자.

4 **순서를 나타내는 '先 A 后来 B'**

어떤 일이나 사건이 발생한 순서를 나타낸다. '先' 뒤에 먼저 발생한 사건을, '后来' 뒤에 그다음 발생한 사건을 말한다. 단, 둘 다 이미 발생한 사건이어야 한다.

- 我先在上海学习汉语，后来去了北京。
  나는 먼저 상하이에서 중국어를 공부하고 나중에 베이징으로 갔다.

- 他先同意了我的意见，后来改变了主意。
  그는 먼저 내 의견에 찬성했다가 나중에 생각을 바꿨다.

* 改变 gǎibiàn 바꾸다 | 主意 zhǔyi 생각, 아이디어

5 '对 A 동사(구)/형용사(구)'

특정한 주제나 사물을 '对'의 바로 뒤에 놓고, 이어서 그것에 대한 화자의 태도나 관심, 평가 등을 나타내는 동사(구) 혹은 형용사(구)를 말한다.

- **妈妈对我朋友的成绩很感兴趣。**
  엄마는 내 친구의 성적에 대해 관심이 있다.

- **老师对我非常担心。**
  선생님은 나에 대해서 무척 걱정하신다.

6 의문사 의문문과 '呢'

의문조사 '吗'와는 달리 '呢'는 의문사 의문문이나 정반의문문 등 다른 형태의 의문문과 동시에 쓰여서 의문문을 만들 수 있다. 이때 '呢'는 상대방에게 대답을 재촉하는 어감을 나타낸다.

- **你找谁呢?**
  너는 누구를 찾는 거니?

- **我的回答对不对呢?**
  내 대답이 맞니, 안 맞니?

7 '在 A 中'

'在'와 '中' 사이에 장소나 시간을 나타내는 명사를 넣어서 일정한 범위 내에 속해 있음을 나타낸다.

- **我在她的眼神中看到了恨。**
  나는 그녀의 눈빛 속에서 한을 보았다.

*眼神 yǎnshén 눈빛 | 恨 hèn 한, 원한, 후회

문형 연습

1 ____ 真 ____ 。 ~은 정말 ~해요.

예 我真不敢相信是你。

나는 (그게) 너라는 걸 정말 믿지 못하겠어.

这次旅游 Zhè cì lǚyóu	把我累坏了 bǎ wǒ lèi huài le
她的女儿 Tā de nǚ'er	优秀 yōuxiù
他做的菜 Tā zuò de cài	不错 búcuò

2 ____ 先 ____ ，后来 ____ 。 ~은 먼저 ~하고, 나중에 ~해요.

예 我先做了几年医生，后来开始对中医中药感兴趣。

나는 먼저 의사로 몇 년 지냈고, 나중에 중의학에 관심이 생기기 시작했어.

他 Tā	做了几年西医 zuò le jǐ nián xīyī	开始对中医感兴趣 kāishǐ duì zhōngyī gǎn xìngqù
这件事我 Zhè jiàn shì wǒ	告诉了班长 gàosu le bānzhǎng	告诉了老师 gàosu le lǎoshī
她 Tā	存了一笔钱 cún le yì bǐ qián	用那笔钱买了一台电脑 yòng nà bǐ qián mǎi le yì tái diànnǎo

07 我们经理让我来接你们。

저희 부장님께서 저에게 두 분을 모셔오라고 하셨어요.

 학습내용

- 양사 '位'와 '您'의 복수형
- 사역동사 '让'
- 동사의 생략 '中午我们工作餐'
- 동사 '看'
- '没错(儿)'
- '以食为天'

 단어 🎧 07-01

分公司 fēngōngsī 몡 지점, 지사	让 ràng 통 시키다, ~하게 하다
酒店 jiǔdiàn 몡 호텔	工作餐 gōngzuòcān 몡 업무 중 제공되는 식사
周到 zhōudào 혱 세심하다	总公司 zǒnggōngsī 몡 본사
关照 guānzhào 통 돌보다	宴请 yànqǐng 통 잔치를 열어 손님을 초대하다
以A为B yǐ A wéi B A를 B로 삼다	食 shí 몡 음식
古话 gǔhuà 몡 옛말	普通 pǔtōng 혱 보통이다
讲究 jiǎngjiu 통 신경 쓰다, 따지다	商业 shāngyè 몡 상업, 비즈니스
伙伴 huǒbàn 몡 파트너	双方 shuāngfāng 몡 쌍방
感情 gǎnqíng 몡 감정	恐怕 kǒngpà 부 아마 ~일 것이다 [부정적 추측]
适当 shìdàng 혱 적당하다	回请 huíqǐng 통 답례로 초대하다
合作 hézuò 몡 협력 통 협력하다	往往 wǎngwǎng 부 왕왕, 자주
亲热 qīnrè 혱 열정적이다, 친절하다	沟通 gōutōng 통 소통하다

고유 명사

赵勇 Zhào Yǒng 인명 쟈오용

본문

07-02

赵　勇　两位❶是张浚成和李贤秀先生吧?

李贤秀　是的，你是……?

赵　勇　张先生、李先生，你们好，我是上海分公司的赵勇，
　　　　我们经理让❷我来接你们。

张浚成　赵先生，你好! 谢谢!

赵　勇　别客气，你们路上辛苦了，请跟我来，车在外边。

李贤秀　好的。我们现在去哪儿?

赵　勇　我们经理说，您二位❶刚到，先到酒店休息一下，
　　　　中午我们工作餐❸，下午开会，晚上经理要请您二位❶
　　　　吃饭，张先生，您看❹这样安排可以吗?

张浚成　没问题，你们想得很周到，谢谢!

赵　勇　您别客气了，来，我们上车吧。

본문

🎧 07-03

申经理	来，张经理、李先生，咱们干一杯！
张浚成	好，我们也有几年没有一起喝酒了。
申经理	是啊，上次我们一起吃饭还是我们在韩国总公司开会的时候呢。
李贤秀	我刚来公司不久，以后请申经理多多关照。
申经理	哪里哪里，你太客气了，我们以后互相帮助吧。
张浚成	来，咱们再喝一杯，以后大家都是同事，也是好朋友，有事都可以互相帮助。
申经理	**没错⑤**。两位❶吃点儿菜吧，一会儿菜都凉了。

🎧 07-04

聚会宴请

　　"民以食为天❻"是中国的一句古话，可见，"吃"在中国是多么重要的事。不但普通家庭非常讲究每天吃什么，怎么吃，而且很多重要的商业活动也跟"吃"有关系。大部分做生意的人喜欢跟自己的生意伙伴一起吃饭，因为一般中国人认为，一起吃饭可以使双方的感情更好，事情也更容易办。所以，外国人到中国做生意，一定要了解中国的这个特点，如果你不接受你的生意伙伴的宴请，那生意做得恐怕就没有那么顺利，同时也应该在适当的时候回请中国人，这样使你的生意伙伴觉得你尊重他，愿意跟他合作。有时候，一些生意上的问题在开会的时候可能不容易解决，但在吃饭的过程中可以得到解决。

　　朋友聚会也常常以吃饭为主要的形式。吃什么往往不是那么重要，重要的是，大家坐在一起，像家人一样亲热，很多事情就比较好沟通了。

문법 해설

1 양사 '位'와 '您'의 복수형

양사 앞에서 '2(둘)'는 '两'으로 표기하고 읽는다. 그러나 양사 '位'는 '两位'와 '二位' 모두 가능한데, 특히 레스토랑 등에서 종업원이 손님을 직접 마주하고 이야기할 때 존중의 느낌을 표시하기 위해 '您二位'라고 말하는 경향이 있다. '你'의 존칭인 '您'은 '您们'이라는 복수형이 존재하지 않으므로 여러 명의 손님을 존대하여 부르기 위해서는 '您+숫자+位'의 형태로 말한다.

- 我们学校只有两位女老师。
  우리 학교에는 여자 선생님이 두 분밖에 안 계신다.

- 您二位这边请。
  두 분, 이쪽으로 오십시오.

2 사역동사 '让'

'让'은 겸어문의 첫 번째 동사로 쓰여서 '~에게 ~을 시키다'라는 사역문을 만든다.

- 王老师让我念第六课。
  왕 선생님이 나에게 제6과를 읽으라고 하셨다.

- 让您久等了。
  오래 기다리게 했습니다.

문법 해설

3 동사의 생략 '中午我们工作餐'

'中午我们工作餐'에서는 '工作餐' 앞에 동사 '吃'가 생략되었다. 회화에서 목적어가 명확하게 음식이나 장소를 나타내면, '吃'나 '去'와 같은 구체적인 동사는 오해의 소지가 없을 경우 생략할 수 있다.

- 晚上火锅店，我请客。(= 晚上我们去火锅店，我请客。)
  저녁에 훠궈 식당. 내가 한턱낼게. (= 저녁에 우리 훠궈 식당에 가자. 내가 한턱낼게.)

4 동사 '看'

원래 '보다'라는 뜻의 동사이지만, 1인칭(평서문) 주어나 2인칭(의문문) 주어 뒤에 쓰여 '(관찰한 결과) ~라고 생각하다'라는 의미를 나타낸다.

- 我看她不会来了。
  나는 그녀가 오지 않을 거라고 생각해.

- 你看我穿这件衣服合适吗?
  네 생각에 내가 이 옷을 입으면 어울릴 것 같니?

5 '没错(儿)'

'틀리다'라는 뜻의 형용사 '错'의 부정은 '没错'이다. 회화에서는 '没错儿 méicuòr'처럼 '儿'화하여 발음하며, 상대방의 말에 맞장구를 치듯이 대답할 때 자주 사용한다.

- A 你哥哥跟中国人结婚是真的吗?
  너희 형이 중국인과 결혼한다는 게 정말이니?

  B 没错儿。
  물론이지.

6 '以食为天'

'以A为B' 형식으로 쓰여서 'A를 B로 삼다(여기다)'라는 뜻을 나타낸다. 고문에서 유래한 속담이나 비유 표현에서 자주 볼 수 있다.

- 以人为本
  사람을 근본으로 삼다. (= 인본주의)

- 期中考试以课本为主，大家做好准备。
  중간고사는 교과서 위주니까 다들 잘 준비해요.

[1]　　　，让　　　。　～, ~은 ~에게 ~하라고 시켰어요.

07-05

예 **我是上海分公司的赵勇，我们经理让我来接你们。**

저는 상하이 지점의 쟈오용입니다. 저희 부장님께서 저에게 두 분을 모셔오라고 하셨습니다.

她要出国留学 Tā yào chū guó liú xué	你就放心 nǐ jiù fàng xīn	她去吧 tā qù ba
孩子想学汉语 Háizi xiǎng xué Hànyǔ	你就 nǐ jiù	他学吧 tā xué ba
她现在也没办法 Tā xiànzài yě méi bànfǎ	你 nǐ	她回家跟妈妈 商量一下儿吧 tā huí jiā gēn māma shāngliang yíxiàr ba

[2]　**您看　　　可以吗?**　　당신 생각에 ~이면 되겠습니까?

07-06

예 **您看这样安排可以吗?**

당신 생각에 (일정을) 이렇게 안배하면 되겠습니까?

这句话这样翻译
zhè jù huà zhèyàng fānyì

我今天穿这件衣服去上班
wǒ jīntiān chuān zhè jiàn yīfu qù shàng bān

我们工作餐吃韩国料理
wǒmen gōngzuòcān chī Hánguó liàolǐ

08 复习1
복습1

📖 학습내용

- 접속사 '再说'
- '又A又B'와 '既A又B' 문형 비교
- 베이징카오야(北京烤鸭)는 스파르타식 교육의 뿌리?

✍️ 단어 🎧 08-01

特色 tèsè 명 특색	哦 ò 감 오호, 이야
不仅A而且B bùjǐn A érqiě B A뿐만 아니라 B도 또한	
再说 zàishuō 접 게다가	风格 fēnggé 명 스타일
酒吧 jiǔbā 명 술집, 바	解释 jiěshì 동 설명하다
谈不上A tánbushàng A A라고 말할 수 없다	
比赛 bǐsài 명 시합 동 시합하다	娱乐 yúlè 명 레저, 오락
舞厅 wǔtīng 명 댄스홀, 클럽	剧院 jùyuàn 명 극장
由于 yóuyú 전 ~로 인해	户外 hùwài 명 야외, 옥외
爬 pá 동 기다, 오르다	爬山 pá shān 동 등산하다
钓 diào 동 낚다, 낚시질하다	钓鱼 diào yú 동 물고기를 낚다
野营 yěyíng 명 캠핑 동 캠핑하다	打牌 dǎ pái 동 마작하다
电视 diànshì 명 텔레비전	郊区 jiāoqū 명 교외(지역)

　　十月中旬，李贤秀跟张浚成经理来到上海，他们见到了中国的申经理。谈完工作后，申经理请他们来到一家有名的上海饭店。在这里吃饭的人很多，有中国人，也有外国人。申经理为他们点的都是很有特色的中国菜。饭后，申经理问他们吃得怎么样？李贤秀高兴地说："哦，非常好，非常好！我们不仅吃了有特色的菜，而且喝了很好的酒。谢谢您！"申经理觉得时间还早，再说❶，明天他们就要回国了，就请他们到别的地方再玩一会儿，李贤秀和张浚成经理就同意了。

因为李贤秀和张浚成经理对上海都不熟悉，所以申经理给他们介绍了上海不同风格的酒吧。在韩国的时候，李贤秀跟张浚成经理常去酒吧，现在很想知道上海的酒吧是什么样子，于是，他们跟着申经理来到了一家很漂亮的酒吧。他们三个人一边喝酒，一边聊天，既轻松又❷愉快。

他们聊天的时候，申经理问李贤秀和张浚成经理平时怎么休息。张浚成经理说他喜欢到各种风格的酒吧坐坐。李贤秀说他比较喜欢唱歌，下班后常跟朋友们一起去唱歌。申经理认为李贤秀唱得好听，因此喜欢去唱歌。李贤秀客气地解释，好听谈不上，只是因为每天工作太累，唱唱歌能放松一下儿。

申经理和张经理都同意李贤秀的说法，认为音乐能让人比较轻松。他们越聊越高兴。最后，张浚成经理希望再来上海的时候，如果有时间可以一起去唱歌，还可以进行一次唱歌比赛。

08-04

娱乐方式

　　现在，人们业余时间可以选择的娱乐方式越来越多了。比如可以跟朋友们一起去唱歌儿，也可以去舞厅跳舞，还可以去咖啡馆喝咖啡。电影院、剧院、百货商店，人们可以去的地方非常多。

　　由于平时的工作学习都比较累，因此周末人们一般都要找个地方休息一下。除了上面说的这些，还有很多人喜欢户外活动，比如爬山、钓鱼、野营等各种活动。这些活动不仅可以使人放松，而且可以锻炼身体，让人更健康。

　　也有一些人喜欢打牌、看电视等娱乐方式，但大部分人还是认为户外活动对人更好，所以，现在到了周末，郊区就成了人们最喜欢去的地方。

문법 해설

1 접속사 '再说'

일반적으로 부사 '再'와 동사 '说'가 결합한 형태일 때는 '(시간을 두고) 다시 생각하다', '다음에 하다'라는 뜻을 나타내지만, '再说'가 문장의 첫머리나 중간에서 접속사로 기능할 때는 '게다가'라는 점층적 의미를 나타낸다.

- **你先把身体养好再说吧。**
  너는 우선 건강을 잘 챙긴 다음에 다시 생각해.

- **今天天气很好，再说又是星期天，我们出去玩儿吧。**
  오늘 날씨도 좋고, 게다가 일요일이기도 하니까 우리 나가서 놀자.

2 '又 A 又 B'와 '既 A 又 B' 문형 비교

두 문형 모두 동일한 구조의 동사(구)나 형용사(구)를 앞뒤에 나란히 배치하여 동시에 두 가지 상태가 존재함을 나타낸다. 그러나 '又 A 又 B'는 'A하기도 하고 B하기도 하다'라는 뜻으로 앞뒤의 구를 바꿔도 문제가 되지 않지만, '既 A 又 B'는 'A한데다 B하기도 하다'라는 뜻이므로 앞뒤의 구를 서로 바꿀 수 없다.

- **她又聪明又美丽。**
  그녀는 똑똑하고 아름답다.

- **他既是高中老师，又是歌手。**
  그는 고등학교 선생님인데다 가수이기도 하다.

베이징카오야(北京烤鸭)는 스파르타식 교육의 뿌리?

'베이징카오야(北京烤鸭 Běijīng kǎoyā 북경오리구이)'라는 중국요리를 아시나요?

화덕에 잘 구워진 살찐 오리의 껍질을 얇게 저며낸 다음, 그 껍질을 '티엔미엔장'(甜面酱 tiánmiànjiàng 달콤한 쌈장)에 찍어 파채와 함께 만두피처럼 생긴 메밀전병으로 싸서 먹는 요리입니다. 요리 이름에 베이징이라는 말이 있는 것에서 알 수 있듯이, 베이징을 대표하는 요리라고 하겠습니다. 베이징에는 특히 베이징카오야로 유명한 '全聚德 Quánjùdé'라는 고급 레스토랑도 있습니다.

그런데 이 요리는 '스파르타식 교육'을 뜻하는 중국어 표현과도 깊은 관련이 있습니다. 베이징카오야에는 '填鸭 tiányā'라는 오리가 사용됩니다. '填 tián'은 '채우다', '鸭 yā'는 '오리'라는 뜻으로, 알기 쉽게 말해서 오리의 배 속에 사료를 억지로 밀어 넣어서 퉁퉁하게 살찌운 오리가 주재료라는 뜻입니다. 이런 오리 사육법에 빗대어서 중국에서는 스파르타식 교육이나 주입식 교육을 '填鸭式教育 tiányāshì jiàoyù'라고 표현하게 되었습니다. 물론 이러한 교육 방식은 큰 효과를 기대할 수 없겠죠?

09

如果不合适，还可以换吗？

만약 맞지 않으면, 교환이 가능한가요?

 학습내용

- '多大年纪'
- '挺A的'
- 가정조건의 '如果A, 还B'
- 최소조건의 '只要A都'

- 동사 '打折'의 용법
- 단순방향보어 '出'의 파생 용법
- 접속사 '于是'

🎧 **단어** 🎧 09-01

大衣 dàyī 명 외투	年纪 niánjì 명 연령
艳 yàn 형 화려하다	华贵 huáguì 형 호화롭고 부귀하다
样式 yàngshì 명 스타일	款式 kuǎnshì 명 스타일
脏 zāng 형 더럽다	包装 bāozhuāng 명 포장 통 포장하다
保存 bǎocún 통 보관하다	会员 huìyuán 명 회원
卡 kǎ 명 카드	吸引 xīyǐn 통 끌다, 매료시키다
各种各样 gèzhǒng gèyàng 각양각색	推出 tuīchū 통 (상품 등을) 내놓다
特价 tèjià 명 특가	出售 chūshòu 통 팔다
奖品 jiǎngpǐn 명 상품, 장려품	相应 xiāngyìng 통 상응하다
返还 fǎnhuán 통 반환하다	购物券 gòuwùquàn 명 상품권
当A dàng A A로 여기다	常见 chángjiàn 통 흔히 보다
货真价实 huòzhēn jiàshí 물건도 좋고 값도 싸다	

售货员 您要买点儿什么?

金多情 过两天是我妈妈的生日，我想给她买一件大衣。

售货员 能不能问问，您的妈妈今年多大年纪[1]了?

金多情 过了这个生日，她就四十六岁了。

售货员 那还很年轻，您看这件红色的怎么样?

金多情 红色是不是太艳了一点儿?

售货员 那您再看看这件黑色的呢? 挺华贵的[2]。

金多情 颜色还可以，可是我觉得样式不太好。

售货员 这边还有一件，也是黑色的，而且是今年的新款式，
您看看怎么样。

金多情 嗯，我觉得这件不错，我妈妈个子跟我差不多，
但比我胖一点儿，你看有合适的号码吗?

售货员 那你的妈妈应该跟我姐姐差不多，我看中号就可以。

金多情 那如果不合适，还[3]可以换吗?

售货员 只要不弄脏，包装保存好，一周内都[4]可以来换。

金多情　　那太好了！多少钱？

售货员　　1800元。

金多情　　不便宜啊！能打折[5]吗？

售货员　　您来巧了，今天不是周末吗？我们周末打8折[5]。
　　　　　你只要交1440元就可以了。

金多情　　还能更便宜吗？

售货员　　如果您有会员卡，我们还可以给您再打个9.5折[5]。

金多情　　可是我没有会员卡。

售货员　　那就没有办法了。

金多情　　好吧，就要这件。

商场购物

现在各个商场为了吸引顾客，都想出**❻**了各种各样的办法。比如有的商场会在某些时间里推出特价商品，这些商品并没有什么问题，只是因为颜色、款式等方面的原因，买的人不多，于是**❼**就低价出售了。还有一些商品因为号码不全了也会打折出售。有的商场给顾客奖品，只要你买了多少钱的东西，就有相应的奖品送给你。还有一种方式是返还给顾客一些购物券，这些购物券在商场里可以当钱用、买东西。最常见的方式是在顾客买了价值很贵的东西以后，发给顾客会员卡，有会员卡的顾客可以在买一般的东西的时候也打折，而且如果你在这个商场买了很多东西，到了年底，商场还会返还给你一定数量的购物券或者礼物，感谢你买了商场的东西，同时也希望下一年你还能到这个商场来买东西。

其实，对顾客来说，打不打折重要是重要，可是如果没有任何打折，但所有的商品都能做到货真价实，顾客也一样愿意来买。

1 '多大年纪'

'多大'는 '몇 살'이라는 뜻의 나이를 묻는 의문사이고, '나이'라는 '年纪'는 정중하게 나이를 물을 때 쓰는 단어이다. 비슷한 단어로 '岁数 suìshu(나이)'와 '年龄 niánlíng(연령)'이 있는데, 전자는 '年纪'보다 회화체에 가깝고, 후자는 사람은 물론 동식물 등의 나이에도 사용할 수 있다.

- 上了年纪(/岁数)的人们都知道这个故事。
  나이 든 사람들은 다 이 이야기를 알고 있다.

- 根据树的年轮可以推算出它的年龄。
  나무의 나이테를 근거로 나무의 나이를 추측할 수 있다.

＊ 根据 gēnjù 근거하다 ｜ 年轮 niánlún 나이테 ｜ 推算 tuīsuàn 추산하다

2 '挺A的'

'挺'은 주로 회화에서 '상당히', '꽤'라는 뜻의 가벼운 강조의 어감을 나타낸다. 긍정문에서는 '만족스러운 느낌', 부정문에서는 '유감스러운 기분'을 나타내며, 문장 끝에 조사 '的'를 동반하는 경우가 많다.

- 我们公司的所有人都对我挺好的。
  우리 회사의 모든 사람들은 나에게 무척 잘 해준다.

- 这部电影的故事情节挺有意思的。
  이 영화의 줄거리는 상당히 재미있다.

＊ 情节 qíngjié (작품의) 줄거리

문법 해설

③ 가정조건의 '如果 A, 还 B'

'如果' 뒤에 '가정조건'을 제시하지만, 그러한 조건이 성립하더라도 '还' 뒤에 오는 결과에는 이전 상황과 마찬가지로 큰 변화가 발생하지는 않을 것임을 나타낸다.

- 如果让我再上一次大学，我还学习汉语。
  만약 나에게 다시 대학을 다니라고 한다면, 나는 그래도 중국어를 공부할 거야.

- 如果有时间，我还想去一趟上海。
  만약 시간이 있다면, 나는 상하이를 다시 한 번 다녀오고 싶어.

④ 최소조건의 '只要 A 都'

'只要' 뒤에 제시되는 '최소한의 조건'만 충족된다면, '都' 앞에 오는 주어가 특정한 작업을 충분히 수행할 수 있음을 나타내는 '조건복문'이다. 이때, 제시되는 조건이 필요조건이기는 하지만 절대적이지는 않기 때문에 다른 조건의 존재 가능성을 완전히 배제하지는 않는다.

- 只要努力学习，大家都会考得不错。
  열심히 공부하기만 하면, 모두들 시험을 잘 치를 거야.

- 只要坚持一个星期，谁都可以建立个人网站。
  일주일만 노력하면, 누구나 개인 홈페이지를 만들 수 있다.

＊ 建立 jiànlì 개설하다, 세우다

⑤ 동사 '打折'의 용법

'할인하다'라는 뜻의 '打折 dǎ zhé'는 이합사이며, '打折扣 dǎ zhékòu'라고도 표현한다. 이합사이기 때문에 구체적인 할인율은 '打＋숫자＋折'와 같이 표현한다.

- 如果你付现款，我可以给你打九折。
  만약 당신이 현금으로 지불한다면, 제가 10% 할인해 줄 수 있어요.

＊ 现款 xiànkuǎn 현금

6 단순방향보어 '出'의 파생 용법

단순방향보어 '出'는 동작이 안쪽에서 바깥쪽으로 향함을 나타낸다. '出'가 감정이나 생각 관련 동사 뒤에 오면 그 의미가 파생되어 사람의 감정이나 생각이 바깥으로 표출됨을 나타낸다.

- 他想了好久，终于想出了一个好主意。
  그는 한참 동안 생각하다가 마침내 좋은 아이디어를 생각해냈다.

- 看着弟弟的表情，我不禁笑出了声音。
  남동생의 표정을 보고 있자니, 나는 소리내어 웃지 않을 수 없었다.

  ＊ 表情 biǎoqíng 표정 ｜ 不禁 bùjīn 참지 못하다

7 접속사 '于是'

'그래서'라는 뜻의 접속사 '于是'는 앞뒤의 내용이 시간적으로 전후 관계에 있을 뿐만 아니라 인과 관계로도 서로 연관되어 있음을 나타낸다.

- 今天是母亲节，于是我亲手做了一张卡片送给妈妈。
  오늘은 어머니날이다. 그래서 나는 직접 어머니에게 선물할 카드를 만들었다.

- 弟弟偷喝了啤酒，于是妈妈骂了他一顿。
  남동생이 몰래 맥주를 마셔서 엄마가 동생을 한바탕 혼냈다.

  ＊ 卡片 kǎpiàn 카드(card) ｜ 骂 mà 혼내다, 꾸짖다

문형 연습

1 如果 ， 还 。 만약 ~라면, ~은 ~도 해요. 🎧 09-04

예 **如果**您有会员卡，我们**还**可以给您再打个9.5折。

만약 회원 카드가 있으면, 저희가 5% 더 할인해드릴 수 있습니다.

来得及	我	想去一下儿书店
láidejí	wǒ	xiǎng qù yíxiàr shūdiàn
有时间的话	我	去访问农村
yǒu shíjiān dehuà	wǒ	qù fǎngwèn nóngcūn
买不到机票	我	要在这儿住一个晚上
mǎibudào jīpiào	wǒ	yào zài zhèr zhù yí ge wǎnshang

2 只要 ， 都 。 ~하기만 하면, ~은 다 ~해요. 🎧 09-05

예 **只要**不弄脏，一个月内**都**可以来换。

더럽히지만 않으면, 한 달 내에 바꾸러 오셔도 됩니다.

你的意见是对的	我们	会接受
nǐ de yìjiàn shì duì de	wǒmen	huì jiēshòu
你想学	我们	会帮助你的
nǐ xiǎng xué	wǒmen	huì bāngzhù nǐ de
能离开这儿	去哪儿	没有问题
néng líkāi zhèr	qù nǎr	méiyǒu wèntí

10 有什么别有病。

뭐든 있어도 되지만 병은 있어선 안 돼요.

📖 학습내용

- 반어문을 만드는 '哪 A (啊)'
- 대비 용법의 '吧'
- 보어 용법의 '要命'
- '千万'
- '却'
- 중국어의 관용 표현
- '根本'의 부사 용법
- '不少+명사'

✓ 단어  10-01

受凉 shòu liáng 통 감기에 걸리다	嗓子 sǎngzi 명 목(구멍), 목청
药 yào 명 약	困 kùn 형 졸리다
总之 zǒngzhī 접 아무튼, 결론적으로	要命 yàomìng 형 심하다, 죽을 지경이다
千万 qiānwàn 부 부디, 제발	生病 shēng bìng 통 병나다
干净 gānjìng 형 깨끗하다	却 què 부 오히려, 반대로
厕所 cèsuǒ 명 화장실	谨防 jǐnfáng 통 ~에 유의하다
的确 díquè 부 확실히	一旦 yídàn 부 일단
耽误 dānwu 통 지체하다	体会 tǐhuì 통 체득하다
决定 juédìng 통 결정하다	在乎 zàihu 통 마음에 두다
压力 yālì 명 스트레스	少部分 shǎobùfen 명 일부분, 적은 부분
种类 zhǒnglèi 명 종류	食品 shípǐn 명 식품
绿色食品 lǜsè shípǐn 명 친환경 식품	

🎧 10-02

李贤秀 朴小姐，你怎么了？

朴英美 我没事，昨天有点儿受凉了，今天早上起来就嗓子疼，
有点儿发烧。

李贤秀 那你一定是感冒了，去医院了吗？

朴英美 哪有时间啊❶？我家里还有感冒药，我吃了点儿，
又带来几片，一会儿中午再吃两片。

李贤秀 感冒虽然不是什么大病，但也挺麻烦的，不吃药吧，
不容易好；吃药吧❷，又容易困，总之，比较影响工作。

朴英美 可不是吗，我早上吃的药，现在就觉得困得要命❸。

李贤秀 所以中国人说，有什么别有病，就是这个道理。

朴英美 是啊，身体比什么都重要，千万❹不能生病。

李贤秀 所以平时我们还是要多锻炼身体，才不容易生病。

林小英	多情，听说你不太舒服，怎么了？
金多情	别提了，昨天跟两个朋友去吃饭，晚上回来就开始拉肚子。
林小英	那你们是不是吃了什么不干净的东西了？
金多情	好像也没什么不干净的，而且我们三个人一起吃的，我打电话问了，他们都没事。
林小英	那就是你自己最近身体不太好，所以别人没事，你却⑤生病了。
金多情	也可能，最近我比较累，自己也觉得身体不像以前那么好。
林小英	好了，那你好好儿休息吧，我先回去了，明天再来看你。
金多情	好吧，我不留你，也不送你了，因为我又要上厕所了。

谨防生病

中国人常说"有什么别有病，没什么别没钱。"**[6]**的确，生病是最糟糕的事了，一旦生病，自己的学习、工作都要耽误；不但要花很多钱，而且身体的那种不舒服是没有病的人根本**[7]**就不能体会的。还有就是会给家人、朋友也添不少**[8]**麻烦。所以说，谁也不想生病。可是，是不是生病，自己又不能决定。有时候，自己一点儿也不觉得，病就来了，特别是现在城市里的年轻人，往往觉得自己还年轻，身体好，不在乎，常常在工作学习到非常累的情况下，才想起来去休息；而且因为现在工作的压力越来越大，人们的时间也越来越少，只有一少部分人能坚持锻炼身体，所以得病的人就越来越多。现在人得病的另一个重要原因是我们的食品不像以前那么健康了，虽然食物的种类越来越多了，可是食品的质量却**[5]**越来越差了，所以现在人们都喜欢"绿色食品"。

문법 해설

1 반어문을 만드는 '哪 A (啊)'

'哪'는 주어의 뒤, 동사의 앞에 위치하여 '반어문'을 만든다. '哪'가 일반적인 의문 용법으로 사용될 때, 회화에서는 흔히 'nǎi' 혹은 'něi'로도 발음하는데, 반어문에서는 항상 'nǎ'로 발음해야 한다. 여기서 조사 '啊'는 생략할 수 있다.

- 我哪不理解你的心情啊? (= 我理解你的心情。)
  내가 네 마음을 이해하지 못하겠니?
- 你哪对得起我啊? (= 你对不起我。)
  네가 나를 볼 면목이나 있어?

2 대비 용법의 '吧'

두 개의 상반되는 내용을 앞뒤에 배치하여 둘 중 어느 쪽을 선택하더라도 결국 바람직하지 않은 상황이 출현할 것임을 나타낸다.

- 去长城吧，太远了；去颐和园吧，人太多。
  만리장성에 간다고 해도 거리가 너무 멀고, 이허위안에 간다고 해도 사람이 너무 많아.
- 到公司工作吧，太累了；到大学工作吧，钱太少。
  회사에 들어가서 일한다고 하면 너무 힘들고, 대학에 가서 일한다고 해도 급여가 너무 적어.

3 보어 용법의 '要命'

'要命'은 원래 '목숨을 빼앗기다'라는 뜻의 동사이지만, 보어로 쓰이면 '정도가 심하다', '상황이 심각하다'라는 강조의 뜻을 나타낸다.

- 今天冷得要命。
  오늘은 엄청나게 춥다.
- 每次考试，我紧张得要命。
  시험을 칠 때마다, 나는 엄청나게 긴장한다.
- 天热得要命，怎么还不开空调?
  날이 엄청나게 더운데, 왜 아직도 에어컨을 켜지 않아?

문법 해설

4 '千万'

상대방에게 간곡하게 부탁하거나 요청할 때 사용하는 부사로, '반드시', '절대로', '부디' 등의 뜻을 나타낸다. 주로 '要', '不要', '不可', '别' 등과 함께 쓰인다.

- 千万别忘了妈妈的生日。
  절대로 엄마 생일은 잊지 마.

- 你可千万要小心啊!
  너 부디 조심해야 해!

- 写报告千万要细心。
  보고서를 작성할 때는 반드시 세심하고 신중해야 해.

> * 报告 bàogào 보고(서) | 细心 xìxīn 세심하다, 주의 깊다

5 '却'

'오히려', '그럼에도 불구하고'라는 뜻의 부사로, 화자가 자신의 예상과 다르거나 일반적인 원칙에서 벗어나는 상황에 직면했음을 나타낸다. 부사이기 때문에 주어와 서술어 사이에 위치하며, '可是', '不过' 등의 역접 접속사와 함께 쓰이기도 한다.

- 他学习不太努力，却考上了名牌大学。
  그는 그다지 열심히 공부하지 않았는데, 명문 대학에 합격했다.

- 金老师虽然不是中国人，可是却会说很流利的汉语。
  김 선생님은 비록 중국인은 아니지만, 그럼에도 불구하고 아주 유창한 중국어를 말할 수 있다.

6 중국어의 관용 표현

중국어의 일부 명사는 특정 동사와 결합하여 개별 단어의 사전적 의미로는 추측하기 어려운 관용적 의미를 갖기도 한다. 동사와 명사의 단순 결합에서부터 속담, 사자성어, 속어 등에 이르기까지 중국어에는 역사, 문화, 사회적인 배경에서 탄생한 다양한 관용 표현이 있다.

- 拉肚子 설사하다
  lā dùzi
- 吃醋 질투하다
  chī cù
- 铁公鸡 구두쇠
  tiěgōngjī

- 有什么别有病。
  뭐든 다 있어도 되지만, 병은 가지고 있으면 안 된다.

- 没什么别没钱。
  뭐든 다 없어도 되지만, 돈은 없으면 안 된다.

7 '根本'의 부사 용법

주로 부정문에서 '애당초', '아예', '전혀' 등의 의미를 나타낸다.

- 我根本不认识她。　나는 그녀를 전혀 알지 못한다.
- 这件事我根本帮不了你。　이 일은 내가 너를 전혀 도와줄 수가 없어.

8 '不少＋명사'

'不少'를 직역하면 '적지 않다'가 되지만, 실제로는 '많다'라는 뜻을 나타낸다. 명사의 앞에서 수식할 때는 조사 '的'를 생략할 수 있다.

- 昨天我买了不少书。　어제 나는 많은 책을 샀다.
- 不少学生参加了足球比赛。　많은 학생들이 축구 시합에 참가했다.

문형 연습

10-05

1 　千万　。 ～ 반드시 ～해야 돼요.

예 身体比什么都重要，千万不能生病。
건강이 무엇보다 중요하니까, 절대 아프지 말아야 해요.

我说的这些话
Wǒ shuō de zhèxiē huà

咱们俩说的这些事
Zánmen liǎ shuō de zhèxiē shì

你自己在国外学习
Nǐ zìjǐ zài guówài xuéxí

要记住
yào jìzhù

别告诉别人
bié gàosu biéren

要注意安全
yào zhùyì ānquán

10-06

2 　，　却　。 ～인데, ～은 그럼에도 불구하고 ～해요.

예 别人没事，你却生病了。
다른 사람은 괜찮은데도 불구하고 너만 아프구나.

这个问题大家都没想到
Zhè ge wèntí dàjiā dōu méi xiǎngdào

我们约好八点半见面
Wǒmen yuēhǎo bā diǎn bàn jiàn miàn

我爷爷虽然八十多岁了
Wǒ yéye suīrán bāshí duō suì le

她
tā

八点半了他
bā diǎn bàn le tā

不过身体
búguò shēntǐ

想到了
xiǎngdào le

还没来
hái méi lái

非常健康
fēicháng jiànkāng

11

我还以为你的书桌是新的呢。

나는 당신 책상이 새것인 줄 알았어요.

 학습내용

- 동사 '以为'
- 어기조사 '啦'
- 부사 '稍'의 용법

- '既 A 也 B' 문형
- 부사 '几乎'의 용법
- PLUS 단어 '알아두면 쓸모있는 연애 관련 단어'

단어 🎧 11-01

螺丝刀 luósīdāo 몡 (공구) 드라이버	螺丝 luósī 몡 나사
书桌 shūzhuō 몡 책상, 데스크	抽屉 chōuti 몡 서랍
把手 bǎshou 몡 손잡이	松 sōng 혱 헐겁다, 느슨하다
拧 nǐng 동 비틀다, 돌리다	紧 jǐn 혱 팽팽하다, 죄다
算是 suànshì 동 ~인 셈이다, ~라고 간주하다	
啦 la 조 조사 '了'와 '啊'가 합쳐진 어기조사	停 tíng 동 멈추다, 서다
停车 tíng chē 동 차를 세우다	稍 shāo 부 약간, 잠시
公交车 gōngjiāochē 몡 대중버스	挤 jǐ 동 꽉 차다, 붐비다
既 A 也 B jì A yě B 접 A할 뿐만 아니라 B도	担心 dān xīn 동 걱정하다
王国 wángguó 몡 왕국	夸张 kuāzhāng 동 과장하다
几乎 jīhū 부 거의	工具 gōngjù 몡 공구, 수단
城市 chéngshì 몡 도시	乡村 xiāngcūn 몡 농촌
发挥 fāhuī 동 발휘하다	慢 màn 혱 느리다

金多情　小英，你有螺丝刀吗？

林小英　有是有。你借螺丝刀做什么？

金多情　书桌的抽屉把手螺丝松了，想用螺丝刀拧紧。

林小英　你的书桌是什么时候买的？

金多情　不是买的。有一个朋友回国的时候送我的。

林小英　我还以为❶你的书桌是新的呢。

金多情　是朋友用过的，可是他用的时间也不长，可以算是新的。

林小英　啊！螺丝刀找到了，给你。

金多情　我下午还你可以吗？

林小英　没问题。你明天还我也行。

金多情　那谢谢你啦❷！

李贤秀　张经理，我刚才看见你了，在找地方停车是吧？

张浚成　是啊，每天都会遇到这个问题，来得稍❸晚一点儿
　　　　就没有地方停车了。

李贤秀　我看还是坐公交车比较方便，而且便宜。

张浚成　可是公共汽车太挤了，而且常常要等很长时间。

李贤秀　咱们公司离你家也不太远，你试试骑自行车怎么样？

张浚成　我也在考虑，骑自行车既不挤，也❹不会迟到，还可以
　　　　锻炼身体。不过，我担心骑车上班太累，影响工作。

李贤秀　可能开始觉得累，时间长了，习惯了就不累了。

张浚成　那好吧，明天开始，我骑一个月自行车试试，
　　　　如果好的话，以后就不开车了。

🎧 11-04

骑自行车

　　以前，人们常说中国是一个自行车王国，这并不夸张。中国的自行车非常多，可以说，几乎⑤每一个家庭都有一辆甚至更多自行车。自行车是中国人的主要交通工具之一，在一些小城市和乡村，自行车比公共汽车发挥着更大的作用，因为，那些地方常常没有公共汽车或公共汽车很少，所以没有自行车就会非常不方便。

　　就是在大城市里，自行车也同样非常重要。大城市的交通问题是堵车非常严重，有时去一个地方，如果坐公共汽车的话，加上等车和堵车的时间，比骑自行车要慢很多。

　　现在人们骑自行车还有一个原因，大部分人认为骑自行车对身体有好处。现在大家工作越来越忙，根本没有时间锻炼身体，所以能在上班的路上锻炼一下身体，也是个不错的选择。

1 동사 '以为'

'以为'는 '~인 줄 알다'라는 뜻으로, 뒤에 오는 내용이 '사실과 다른 화자의 오해나 착각' 혹은 '거짓'임을 나타낸다.

- **我以为她是老师。**
  나는 그녀가 선생님인 줄 알았어. (= 사실 그녀는 선생님이 아니다.)

- **我们以为这里的花都是真的。**
  우리는 이곳의 꽃이 다 진짜인 줄 알았어. (= 사실 이곳의 꽃은 조화이다.)

2 어기조사 '啦'

두 개의 조사 '了 le'와 '啊 a'가 합쳐져서 자연스럽게 'la'로 발음되는 어기조사이다. 변화나 새로운 상황의 출현을 나타내고, 감탄이나 놀라움, 기쁨 등의 감정도 나타낸다.

- **快到寒假啦!**
  곧 겨울방학이다!

- **万里长城，我终于亲眼看见啦!**
  만리장성을 내가 마침내 직접 봤어!

3 부사 '稍'의 용법

'稍'는 '약간', '조금'이라는 뜻으로, 형용사나 동사 앞에서 수량이 적거나 정도가 가벼움을 강조한다. '稍'의 수식을 받는 서술어는 뒤에 '(一)点儿', '一些', '一会儿', '一下' 등을 동반하는 경우가 많다.

- **这条裤子稍短<u>一点儿</u>。**
  이 바지는 (길이가) 조금 짧다.

- **王老师马上就来，请稍等<u>一会儿</u>。**
  왕 선생님이 금방 오시니까 잠시만 기다려 주세요.

문법 해설

4 '既A也B' 문형

'既A也B'는 '既A又B'와 마찬가지로 앞뒤에 거의 동일한 구조의 구나 절을 넣어서 'A 한데다 B하기도 하다'라는 뜻을 나타낸다.

- 她既会唱歌也会跳舞。
  그녀는 노래도 잘하는데다 춤도 잘 춘다.

- 她的主张既有分析，也有依据。
  그녀의 주장에는 분석은 물론이고 근거까지 있다.

  ＊ **主张** zhǔzhāng 주장 ｜ **分析** fēnxi 분석 ｜ **依据** yījù 근거, 증거

5 부사 '几乎'의 용법

'거의'라는 뜻의 부사로, 수량이나 상황이 특정한 수준에 도달할 뻔했음을 나타내며, 동사나 형용사는 물론이고 간혹 명사를 수식하기도 한다. 명사를 수식할 때는 대부분 '都 dōu'를 동반한다.

- 家乡的变化很大，以前的痕迹几乎找不到了。
  고향의 변화가 너무 커서, 예전의 흔적을 거의 찾아볼 수 없게 되었다.

- 平时她几乎不说话。
  평소에 그녀는 거의 말을 하지 않는다.

- 小李几乎每次都拿第一名。
  샤오리는 거의 매번 빠짐없이 일등을 차지한다.

  ＊ **痕迹** hénjì 흔적, 자취

문형 연습

1 　稍　　，　　。 ~은 조금 ~해요.

11-05

예 你来得**稍**晚一点儿，就没有地方停车了。

당신이 조금만 늦게 왔다면 주차할 자리가 없었을 거예요.

请你 Qǐng nǐ	等一下儿 děng yíxiàr	她马上就来。 tā mǎshàng jiù lái.
这件衣服 Zhè jiàn yīfu	大了一点儿 dà le yìdiǎnr	请换一件小一点儿的。 qǐng huàn yí jiàn xiǎo yìdiǎnr de.
价格 Jiàgé	贵了一些 guì le yìxiē	有便宜些的吗? yǒu piányi xiē de ma?

2 　既　　，也　　。 ~은 ~할 뿐만 아니라, ~해요.

11-06

예 骑自行车**既**不挤，**也**不会迟到。

자전거를 타면 붐비지 않을 뿐만 아니라 지각하지도 않을 거예요.

我们学校的老师 Wǒmen xuéxiào de lǎoshī	有中国人 yǒu Zhōngguórén	有韩国人 yǒu Hánguórén
我们经理 Wǒmen jīnglǐ	会喝酒 huì hē jiǔ	会抽烟 huì chōu yān
我妈妈 Wǒ māma	能做拿手的韩国菜 néng zuò náshǒu de Hánguó cài	能做几样中国菜 néng zuò jǐ yàng Zhōngguó cài

알아두면 쓸모있는 연애 관련 단어

一见钟情
yíjiàn zhōngqíng
첫눈에 반하다

五二零 (5월 20일)
wǔ'èrlíng
연인의 날, 고백 데이

初恋
chūliàn
첫사랑

暗恋
ànliàn
짝사랑하다

暧昧关系
àimèi guānxi
썸타는 사이

约会
yuēhuì
데이트하다

三角关系
sānjiǎo guānxi
삼각관계

吵架
chǎo jià
말다툼하다

失恋
shī liàn
실연하다

我不大会点菜。

나는 주문하는 것을 그다지 잘하지 못해요.

 학습내용

- '不大'
- 조동사 '会'의 용법
- 대동사 용법의 '来'
- 중국어의 맛 표현

- 구조조사 '得'를 필요로 하는 정태보어
- '都'의 용법
- 복합방향보어 '起来'의 파생 용법
- 'ㅡ＋양사'의 중첩

단어 12-01

清淡 qīngdàn 형 담백하다	油腻 yóunì 형 기름지다, 느끼하다	
西芹 xīqín 명 샐러리	百合 bǎihé 명 백합	青椒 qīngjiāo 명 피망
炒 chǎo 동 볶다	腊肉 làròu 명 소금에 절여 말린 중국식 베이컨	
牛肉 niúròu 명 쇠고기	羹 gēng 명 스프의 일종	菊花 júhuā 명 국화
冰 bīng 명 얼음 형 차다	尝 cháng 동 맛보다	
川菜 Chuāncài 명 쓰촨 요리	火锅 huǒguō 명 훠궈, 중국식 샤부샤부	
麻 má 형 얼얼하다	辣 là 형 맵다	饿 è 형 배고프다
闻名 wénmíng 형 유명하다	香 xiāng 형 향기롭다	味 wèi 명 맛
形 xíng 명 형체, 모양	闻 wén 동 냄새를 맡다	饮食 yǐnshí 명 음식
经过 jīngguò 동 거치다	菜系 càixì 명 요리 방식·맛 등의 계통	
拿手 náshǒu 형 뛰어나다	传统 chuántǒng 명 전통	科学 kēxué 명 과학
营养 yíngyǎng 명 영양	厨师 chúshī 명 조리사	

고유 명사

雪碧 Xuěbì 스프라이트	西芹百合 xīqín bǎihé 샐러리백합볶음
青椒炒腊肉 qīngjiāo chǎo làròu 피망베이컨볶음	
西湖牛肉羹 Xīhú niúròu gēng 시후 쇠고기스프	

金多情 小英，你看你要吃点儿什么？

林小英 我不大❶会❷点菜，你点吧，我吃什么都行。

金多情 可是我们是在中国的饭馆啊，还是你点吧。

林小英 好吧，吃点儿清淡的怎么样？

金多情 好啊，我最怕油腻的了。

林小英 那咱们来❸一个西芹百合，再来❸一个青椒炒腊肉、
一个西湖牛肉羹。

金多情 好好，喝什么呢？

林小英 我喝菊花茶，你喝冰雪碧，好吗？

金多情 不错，看来你很会❷点菜啊。

본문

🎧 12-03

李贤秀　张经理，一起吃晚饭吧。

张浚成　好啊，去哪儿吃？

李贤秀　我听说附近新开的一家四川饭馆儿不错，咱们去尝尝怎么样？

张浚成　好，我最喜欢吃川菜，又麻又辣❹，吃完以后特别舒服。

李贤秀　你最喜欢川菜中的什么菜？

张浚成　我最喜欢的是火锅，什么都可以吃；而且大家一起吃，也很热闹。

李贤秀　是啊，我也觉得火锅好，咱们现在就去吧。

张浚成　走，你说得❺我都❻饿了。

🎧 12-04

中国菜

　　中国菜闻名世界，几乎每个国家都能看到中国饭馆儿。很多人都很喜欢吃中国菜，觉得中国菜不但好吃，而且好看，用中国人的话说，就是"色、香、味、形"都好，这里"色"是说菜的颜色，要好看，"香"是闻起来[7]有让人想吃的气味儿，"味"是味道好吃，"形"是说菜的形状也要好看，而且吃起来[7]要方便。中国饮食文化经过几千年的发展，现在已经形成了几个大的菜系，每个菜系都有自己的特色，每个菜系都有一些拿手菜，几乎是人人爱吃的。

　　但现在也有一些人觉得中国菜也有一些问题，比如说，以前很多传统的菜，因为没有科学知识，营养方面不够好，还有，大部分中国菜用油比较多，吃起来[7]让人觉得油腻，而且，一般的中国菜做起来[7]时间比较长。现在，这些情况也在一点一点[8]地改变，中国的厨师也在努力学习科学知识，中国菜也在不断发展。我们相信，中国菜一定会越来越好吃，越来越有营养。

1 '不大'

형용사 혹은 심리·감각 동사 앞에서 '그다지 ~하지 않다'라는 뜻을 나타낸다.

- **我不大喜欢喝咖啡。**
  나는 커피 마시는 걸 그다지 좋아하지 않아요.

- **这个菜不大好吃。**
  이 요리는 그다지 맛있지 않다.

2 조동사 '会'의 용법

'会'는 '(학습을 통해) ~할 수 있다'라는 '가능'의 의미 외에도, '(상대적으로) ~을 잘한다'라는 의미를 나타낸다. 이 경우, '很 hěn', '真 zhēn' 등의 수식을 받을 수 있다.

- **她真会说话。**
  그녀는 정말 말을 잘한다.

- **王妈妈很会砍价。**
  왕씨 아주머니는 에누리를 참 잘한다.

*砍价 kǎn jià 에누리하다, 흥정하다

3 대동사 용법의 '来'

구체적인 동작을 나타내는 동사를 대신해서 '来'를 사용할 수 있다. 특히 목적어가 음식일 때는 그 음식을 '가지고 오게 하다(시키다)'라는 동작을 가리킨다.

- **老板，再来一杯水。**
  사장님, 물 한 잔 더 주세요.

- **给我来五斤苹果。**
  사과 다섯 근 주세요.

문법 해설

4 중국어의 맛 표현

◎ 일반적인 표현

- **酸** suān 시다
- **甜** tián 달다
- **苦** kǔ 쓰다
- **辣** là 맵다
- **麻** má 얼얼하다

◎ 의미의 추상화

- **酸甜苦辣**
  살아가면서 겪는 온갖 경험
- **我爸爸尝遍了人生的酸甜苦辣。**
  우리 아버지는 인생의 온갖 쓴맛 단맛을 다 맛보셨다.

5 구조조사 '得'를 필요로 하는 정태보어

동사나 형용사 뒤에 '得'를 써서 정태보어가 이어짐을 나타낸다. 정태보어는 정도를 강조하는 역할도 하지만, 동사의 동작에 대한 평가나 판단을 하기도 하고 상황을 묘사하기도 한다.

- **昨天晚上我睡得太晚了。**
  어제 저녁에 나는 너무 늦게 잤다.
- **爸爸收到我送的生日礼物，高兴得像个小孩子。**
  아빠는 내가 보낸 생일 선물을 받고, 어린아이처럼 기뻐하셨다.

6 '都'의 용법

부사 '都'는 뒤에 '了'를 동반하여 상황이 '벌써/이미' 상당한 정도에 이르렀다는 주관적인 느낌을 강조한다.

- 都八点了，你应该起床了。
  벌써 8시야. 너 이제 일어나야 해.

- 你都吃了那么多了，还没饱吗?
  너는 이미 그렇게 많이 먹고서, 아직도 배가 안 부르니?

7 복합방향보어 '起来'의 파생 용법

'起来'가 구체적인 방향과 관련이 없는 '说', '闻', '吃' 등의 동사와 결합하면, 동사의 동작을 '(시험 삼아) 해보다', '(동작을) 시도하다'라는 뜻을 나타낸다.

- 看起来，要下雨了。
  보아하니, 비가 내릴 것 같다.

- 说起来简单，但是做起来不容易。
  말하는 건 간단하지만, 실제로 하는 건 쉽지 않아.

8 '一+양사'의 중첩

'一+양사'를 중첩하면, 대상을 개별적으로 가리키며 강조하는 어감을 갖는다. 이때 양사 앞에 '一' 이외의 다른 수사는 올 수 없다.

- 我的经验是一点一点地积累起来的。
  내 경험은 조금씩 조금씩 쌓아온 것이다.

- 大夫让她遮住一只眼，指着视力表一个一个地问。
  의사는 그녀에게 한쪽 눈을 가리게 하고, 시력검사표를 가리키면서 하나씩 하나씩 물었다.

> ＊ 遮 zhē 가리다 ｜ 视力表 shìlìbiǎo 시력검사표

문형 연습

---

1 ⬜ ＿＿ 什么都 ＿＿。   ~은 무엇이든지 모두 ~해요.   🎧 12-05

예 **我吃什么都行。**
나는 뭘 먹든 다 괜찮아요.

冰箱里 Bīngxiāng lǐ	有 yǒu
健康比 Jiànkāng bǐ	重要 zhòngyào
他家里人对他 Tā jiā lǐ rén duì tā	说 shuō

---

2 ⬜ ＿＿，看来 ＿＿。   ~, 보아하니 ~이에요.   🎧 12-06

예 **不错，看来你很会点菜啊。**
좋네. 보아하니 너 음식 주문을 잘하는구나.

雾这么大 Wù zhème dà	飞机不能正点起飞了 fēijī bù néng zhèngdiǎn qǐfēi le
她提前二十分钟就交卷了 Tā tíqián èrshí fēnzhōng jiù jiāo juàn le	考得不错 kǎo de búcuò
你们都不说话 Nǐmen dōu bù shuō huà	是同意这样做了 shì tóngyì zhèyàng zuò le

106

13 怪不得这么热。

어쩐지 이렇게나 덥더라고요.

학습내용

- '怪不得'
- 어기조사 '嘛'
- 의문사 '哪儿'의 임의지시 용법

- '听'의 또 다른 의미
- 명사의 장소사화 '里'
- 상황의 개선 혹은 악화를 나타내는 '又'

단어 13-01

天气 tiānqì 몡 날씨	预报 yùbào 몡 예보 동 예보하다
气温 qìwēn 몡 기온	度 dù 양 도 [온도를 나타내는 단위]
怪不得 guàibude 閈 어쩐지	下 xià 동 내리다
下雨 xià yǔ 동 비가 내리다	下雪 xià xuě 동 눈이 내리다
凉快 liángkuai 혱 시원하다	半岛 bàndǎo 몡 반도
周围 zhōuwéi 몡 주위	海 hǎi 몡 바다
春季 chūnjì 몡 봄(春天 chūntiān)	夏季 xiàjì 몡 여름(夏天 xiàtiān)
秋季 qiūjì 몡 가을(秋天 qiūtiān)	冬季 dōngjì 몡 겨울(冬天 dōngtiān)
季节 jìjié 몡 계절	花 huā 몡 꽃
开 kāi 동 (꽃이) 피다	干燥 gānzào 혱 건조하다
空调 kōngtiáo 몡 에어컨	寒冷 hánlěng 혱 춥다, 한랭하다
新鲜 xīnxiān 혱 신선하다	风沙 fēngshā 몡 모래바람, 먼지바람
实在 shízài 閈 실로, 정말	树叶 shùyè 몡 나뭇잎
刮风 guā fēng 동 바람이 불다	夜 yè 몡 밤

고유 명사

香山 Xiāngshān 지명 샹샨, 향산 [베이징 근교의 산 이름]

金多情　你昨天看天气预报了吗？

林小英　看了，今天最高气温三十四度，而且没有风。

金多情　**怪不得**❶这么热，我都快受不了了。

林小英　北京夏天常常这么热，不过预报说今天晚上会下雨，明天可能会凉快一点儿。

金多情　那太好了！

林小英　韩国夏天不热吗？

金多情　气温跟这里差不多，但觉得不这么热。

林小英　那为什么呢？

金多情　我也不知道，不过可能因为韩国是半岛，周围有海吧。

张浚成　贤秀，你说我要去北京玩儿的话，什么时候去最好？

李贤秀　北京跟首尔一样，也有四个季节，每个季节都有自己的特点。旅行嘛❷，我觉得秋季最好。

张浚成　为什么这么说呢？

李贤秀　北京的春天时间很短，虽然是花开的季节，但有时风很大，也比较干燥。

张浚成　那夏天呢？

李贤秀　夏天的北京热得要命，走到哪儿都❸要用空调，出去玩儿不太合适。

张浚成　冬天也不好吗？

李贤秀　冬天跟韩国一样，比较冷。虽然风景很美，但在外面一天，也不太舒服。

张浚成　秋天有什么特点？

李贤秀　北京的秋天是最美的季节，不冷也不热，天气非常好，可以看的风景也最多。

张浚成　那听❹你的，我秋天去北京。

🎧 13–04

北京的四季

中国大部分地方一年有四个季节，就是春季、夏季、秋季和冬季。北京的四个季节各有自己的特色。北京人都喜欢春天，因为经过一个寒冷的冬天，人们都可以到外面玩儿了，而且各种各样的花儿都开了，空气也特别新鲜，只是有时候，春天的风沙比较大，这是春天里**5**最让人不喜欢的事儿。北京的夏天很热，而且夏天时间很长，大部分人都不喜欢出去，因为外面实在太热了，在家里**5**，开着空调要舒服一些。秋天是北京最美丽的季节，香山的树叶红了，天气也非常好，不冷也不热，不刮风，也不下雨，这个时候来北京旅游的人也特别多，北京人自己也喜欢出去玩儿。冬天比较冷，有的时候夜里**5**的最低气温可以达到零下十八九度，又**6**不常下雪，所以空气很干燥。

문법 해설

1 '怪不得'

'不得'는 원래 동사 뒤에서 '~해서는 안 된다'라는 뜻을 나타내고, '怪'는 '탓하다', '책망하다'라는 의미로, 직역하면 '탓해서는 안 된다'로 해석된다. 그러나 문장의 첫머리에 쓰이면 관용적으로 '어쩐지 ~하더라', '과연 ~도 당연하다'라는 뜻을 나타낸다.

- A 老师，小李感冒了。
  선생님, 샤오리가 감기에 걸렸어요.

- B 怪不得他今天没来上课。
  어쩐지 샤오리가 오늘 수업에 오지 않았더라.

2 어기조사 '嘛'

① 주어나 가정조건 뒤에서 앞에 오는 성분을 강조하면서 뒤에 이어지는 내용에 대한 주의를 환기시킨다.

- 学生嘛，应该好好儿学习。
  학생이잖아, 열심히 공부해야지.

- 有意见嘛，就提出来吧。
  의견이 있으면요, 제시해 주세요.

② 문장 끝에 쓰여서 이치로 따지면 당연하다는 뜻을 나타낸다.

- 别骂他了，他还是孩子嘛。
  그를 혼내지 마. 아직 아이잖아.

③ 문장 끝에 쓰여서 권유하거나 제지하는 느낌을 나타낸다.

- 要去就快点儿嘛！
  가야 한다면 좀 빨리 서둘러!

- 不让你去，就别去嘛！
  가지 말라고 하면 가지 마!

문법 해설

3 의문사 '哪儿'의 임의지시 용법

의문사 '哪儿'이 뒤에 '都'를 동반하여 '어디라도', '어디든지' 등과 같이 그 어떤 장소라도 예외가 없음을 나타낸다.

- 我在这儿等着你，哪儿都不去。
  내가 여기서 너를 기다리고 있을게. 어디에도 가지 않고.
- 有她在我身边，去哪儿都很快乐。
  그녀가 내 곁에 있으면 어디를 가든 즐거워.

＊ 身边 shēnbiān 몸, 곁

4 '听'의 또 다른 의미

'听'은 어떤 소리를 귀로 '듣다'라는 구체적인 동작을 가리키지만, 의미가 추상화되어 '말을 잘 듣다', '시키는 말에 복종하다'라는 뜻을 나타내기도 한다.

- 你是有影响力的人，大家会听你的。
  너는 영향력 있는 사람이니까 다들 네 말을 들을 거야.
- 今天来参观的学生们非常听话。
  오늘 구경하러 온 학생들은 정말 말을 잘 듣는다.

＊ 影响力 yǐngxiǎnglì 영향력

5 명사의 장소사화 '里'

'里'는 명사 뒤에서 명사를 장소사로 만드는 접미사이다. 이때 만들어지는 장소사는 구체적인 장소뿐만 아니라 눈에 보이지 않는 장소, 즉 시간이나 범위를 나타낼 때도 쓰일 수 있다.

- **房间里有很多人。**
  방에는 사람이 많이 있다.

- **我总是在夜里读书。**
  나는 늘 밤에 책을 읽는다.

- **她心里充满了喜悦。**
  그녀의 마음 속은 기쁨으로 가득찼다.

＊ **充满** chōngmǎn 가득차다 ｜ **喜悦** xǐyuè 기쁨, 희열

6 상황의 개선 혹은 악화를 나타내는 '又'

두 종류의 상황, 동작, 상태가 중복될 때, 두 번째 동사(구)나 형용사(구) 앞에 쓰여서 상황이 점점 더 개선 혹은 악화됨을 나타낸다.

- **她很聪明，又肯努力。**
  그녀는 똑똑한데, 게다가 스스로 노력까지 한다.

- **妈妈要上班工作，又忙家务，真辛苦。**
  엄마는 출근해서 일도 해야 하고, 게다가 집안일도 하니, 정말 고생하신다.

＊ **肯** kěn 기꺼이 ~(하려) 하다 ｜ **家务** jiāwù 집안일

문형 연습

1 怪不得 어쩐지

13-05

예 A 今天最高气温三十四度，而且没有风。

오늘은 최고기온이 34도이고, 바람도 없어.

B 怪不得这么热，我都快受不了了。

어쩐지 이렇게나 덥더라. 더는 못 참을 것 같아.

A 我来介绍一下儿，这是我妹妹。　Wǒ lái jièshào yíxiàr, zhè shì wǒ mèimei.

B 怪不得汉语说得这么好。　Guàibude Hànyǔ shuō de zhème hǎo.

A 朴老师家来了中国客人。　Piáo lǎoshī jiā lái le Zhōngguó kèrén.

B 怪不得他提前回家了。　Guàibude tā tíqián huí jiā le.

2 ____，____哪儿都____。　～, ～은 어디라도(어디든) ～해요.

13-06

예 夏天的北京热得要命，走到哪儿都要用空调。

여름의 베이징은 무척 더워서, 어딜 가든 에어컨을 사용해야 해요.

来首尔以后 Lái Shǒu'ěr yǐhòu	我 wǒ	没去过呢 méi qùguo ne
星期天我想在家做做家务 Xīngqītiān wǒ xiǎng zài jiā zuòzuo jiāwù	我 wǒ	不想去 bù xiǎng qù
房间的钥匙不见了 Fángjiān de yàoshi bú jiàn le	怎么 zěnme	找不着呢 zhǎobuzháo ne

14 我周末一定去给你加油!
내가 주말에 꼭 당신을 응원하러 갈게요!

학습내용

- 수혜자를 나타내는 '给 A …'
- 가능보어 '忘不了'
- 안심의 '好了'
- 참! '对了'
- 격언 '重在参与 zhòng zài cānyù'
- 접미사 '迷'

- 부사 '当然'
- 조동사 '得 děi'
- '有'를 포함하는 겸어문
- '有'를 포함하는 연동문
- PLUS 문장 '중국어 격언 한마디'

단어 🎧 14-01

加油 jiā yóu 동 응원하다	组织 zǔzhī 명 조직 동 조직하다
报名 bào míng 동 신청하다	放心 fàng xīn 동 안심하다
参加 cānjiā 동 참가하다	自由 zìyóu 명 자유 형 자유롭다
参与 cānyù 동 참여하다	球迷 qiúmí 명 (야구·축구 등의) 구기 종목 팬
当然 dāngrán 부 당연히	队 duì 명 팀
青年 qīngnián 명 청년 [남녀 불문]	现场 xiànchǎng 명 현장
直接 zhíjiē 형 직접적으로	得 děi 조동 ~해야 한다
太太 tàitai 명 아내	结婚 jié hūn 명 결혼 동 결혼하다
烦恼 fánnǎo 명 고민	
休闲 xiūxián 명 휴식·오락 활동 동 휴식·오락 활동을 즐기다	
支持 zhīchí 동 지지하다	收看 shōukàn 동 (텔레비전을) 시청하다
免费 miǎn fèi 동 무료로 하다	流行 liúxíng 형 유행하다
棒球 bàngqiú 명 야구	网球 wǎngqiú 명 테니스

🎧 14-02

金多情　小英，你周末有空儿吗？

林小英　有空儿，有什么事吗？

金多情　学校组织了游泳比赛，我报名了，周末在学校游泳馆
　　　　比赛，你来看吧。

林小英　是吗？那我周末一定去给❶你加油！

金多情　谢谢你！星期六晚上七点，你别忘了。

林小英　忘不了❷，你放心好了❸。对了❹，你参加的是哪种游泳
　　　　比赛呢？

金多情　100米自由泳。

林小英　你游得快吗？

金多情　不是特别快，不过，不是有句话叫：重在参与❺吗？

张浚成　贤秀，你喜欢看足球比赛吗？

李贤秀　我是个球迷❻，当然❼喜欢看。

张浚成　那明天晚上我请你看球赛，怎么样？

李贤秀　是哪两个队的比赛？

张浚成　中国青年队对韩国青年队。有❾个朋友送了我两张票。

李贤秀　太好了，已经很久没有到现场看比赛了。

张浚成　那好，我们明天下班以后直接去看比赛。

李贤秀　行，我请你吃饭，吃完以后就去。

张浚成　看球赛的事，今天回去我得❽跟太太说一下。

李贤秀　哈哈，看来不结婚也有好处，我就没有这个麻烦。

张浚成　不过，不结婚也有不结婚的烦恼。

电视休闲

现在的电视节目越来越多，各种节目让人觉得没有办法选择。很多人都喜欢看体育节目，特别是足球比赛，由于足球球迷❻越来越多，足球节目也就越来越受欢迎。虽然中国足球队的表现不是那么好，但还是有❿很多中国人支持中国的足球运动。

中国的球迷❻不但可以看到中国队的比赛，同时也能看到很多国家的足球赛，而且通过电视收看这些比赛，几乎跟免费一样便宜。

当然❼，除了足球比赛，其他的各种体育比赛也同样受大家的欢迎，比如中国人最喜欢的乒乓球，国际上比较流行的棒球、网球等比赛也有很多观众。除了看，年轻人也特别喜欢参与各种体育运动，晚上、周末，各个体育馆、体育场都有很多人在运动。

1 수혜자를 나타내는 '给 A ⋯'

'A를 위해 ~하다', 'A에게 ~해주다'라는 뜻으로, 동사의 동작이나 행동에 의해 혜택(이익)을 받는 사람을 나타낸다.

- **请您给我当翻译。**
  저에게 통역을 해주세요.

- **我的手机呢? 姐姐给我找我的手机。**
  내 휴대폰이 어디갔지? 언니, (나에게/나를 위해) 내 휴대폰 좀 찾아줘.

2 가능보어 '忘不了'

'동사 + 得了/不了'는 동사의 동작을 끝까지 수행할 수 있거나 없음을 나타내는 가능보어이다. 즉, '忘不了'는 '잊을 수 없다'라는 뜻이다.

- **小时候的情景, 我一辈子也忘不了。**
  어렸을 때의 정경을 나는 평생 잊을 수가 없다.

- **你忘得了金老师讲的课吗?**
  너 김 선생님의 강의를 잊을 수 있니?

＊ **情景** qíngjǐng 정경, 풍경 | **一辈子** yíbèizi 한평생

3 안심의 '好了'

문장 끝에 쓰여서 상대방을 안심시키거나 위로하는 어감을 더해준다. 화자 본인의 감정을 표현하는 경우에는 화자가 어떤 일에 대해 신경쓰지 않음을 나타낸다.

- **她说一切都很好, 你放心好了。**
  그녀가 모든 일이 다 괜찮다고 했으니까 너는 안심해.

- **他要走, 让他走好了。**
  그가 가려고 한다면 가도록 내버려 둬.

4 참! '对了'

'참', '그래', '맞아'라는 뜻으로, 문장의 첫머리에 쓰여서 상대방의 말에 맞장구를 치거나 갑작스럽게 어떤 생각이 떠올랐음을 나타낸다.

- 对了！上班之前，把垃圾扔掉吧。
  맞다! 출근하기 전에 쓰레기 버려요.

- 对了，我忘了告诉她了。
  참, 내가 그녀에게 알리는 걸 잊고 있었어.

＊垃圾 lājī 쓰레기 ｜ 扔 rēng 버리다

5 격언 '重在参与 zhòng zài cānyù'

근대 올림픽의 창시자 쿠베르탱(Pierre Coubertin)이 남긴 명언 '올림픽에서 중요한 것은 승리가 아니라 참가하는 것이다.(The important thing in the Olympic Games is not to win but to take part in.)'를 중국어로 번역한 말이다. 주로 뒤에 '输赢不重要 shūyíng bú zhòngyào 승패는 중요하지 않다'라는 말이 이어진다.

＊输赢 shūyíng 승패

6 접미사 '迷'

특정 명사와 결합하여 어떤 분야의 '팬', '마니아'를 뜻하는 사람명사를 만든다.

- 球迷 qiúmí (축구 등) 구기 종목의 팬
- 歌迷 gēmí 가수의 팬
- 影迷 yǐngmí 영화 마니아
- 车迷 chēmí 자동차 마니아

7 부사 '当然'

'当然'이 문장의 첫머리 혹은 주어와 서술어 사이에 오면, '물론', '말할 필요도 없이'라는 뜻의 부사이고, 서술어로 쓰이면 '당연하다'라는 뜻의 형용사이다. 서술어 '当然'은 주로 '是'와 '的'로 둘러싸인 형식을 취한다.

◉ 부사

- 你是我的老朋友，我当然要去参加你的婚礼。
  너는 내 절친이니까, 당연히 네 결혼식에 참석해야지.

◉ 서술어

- 室内禁止吸烟是当然的。
  실내에서 흡연을 금지하는 것은 당연하다.

＊老朋友 lǎopéngyou (오랜) 친한 친구 ｜ 婚礼 hūnlǐ 결혼식 ｜ 禁止 jìnzhǐ 금지하다

8 조동사 '得 děi'

실질적 혹은 감정적 필요에 의해서 '~해야 한다'라는 뜻을 나타낸다. 비슷한 뜻의 조동사 '应该 yīnggāi'보다 회화에서 자주 사용하며, 부정은 '不用'을 사용한다.

- 平时说话得小心。
  평소에 말할 때 조심해야 한다.
- 你不用担心，一切都会好的。
  너 걱정하지 마. 모든 일이 다 잘 될 거야.

문법 해설

9 '有'를 포함하는 겸어문

'有'의 목적어는 뒤에 오는 동사의 주어 역할을 겸한다. 전체 문장의 주어는 장소, 시간 과 관련이 있는 경우가 많다.

- **教室里好像有人在说话。**
  교실 안에서 누군가 이야기를 하고 있는 것 같다.

- **唐代有个诗人叫"李白"。**
  당나라 때 '이백'이라는 시인이 있었다.

- **我希望有更多学生来参加我们社团。**
  나는 더욱 많은 학생들이 우리 동아리에 가입하러 와주기를 바란다.

  * **唐代** Tángdài 중국 당나라 시기 | **诗人** shīrén 시인 | **社团** shètuán 동아리

10 '有'를 포함하는 연동문

하나의 주어가 모든 동사의 동작을 하는 연동문에서 '有'가 첫 번째 동사로 올 때, 해 석은 대부분 두 번째 동사부터 시작한다.

- **我有件事跟老师商量。**
  나는 선생님과 상의해야 할 일이 있다.

- **她也有权利发表自己的意见。**
  그녀 또한 자신의 의견을 발표할 권리가 있다.

  * **权利** quánlì 권리 | **发表** fābiǎo 발표하다

문형 연습

1 [　] ，[　] 当然 [　] 。 ～이니까, ～은 당연히 ～이에요. 14-05

例 **我是个球迷，我当然喜欢看足球比赛。**

저는 구기 종목 팬이니까, 당연히 축구 경기 보는 것을 좋아해요.

我们是朋友 Wǒmen shì péngyou	你有困难我 nǐ yǒu kùnnan wǒ	应该帮助 yīnggāi bāngzhù
这件事很重要 Zhè jiàn shì hěn zhòngyào	你 nǐ	应该跟父母商量 yīnggāi gēn fùmǔ shāngliang
今天是妈妈的生日 Jīntiān shì māma de shēngrì	我 wǒ	要给她买件礼物 yào gěi tā mǎi jiàn lǐwù

2 [　] ，[　] 得 [　] 。 ～, ～은 ～해야만 해요. 14-06

例 **看球赛的事，今天回去我得跟太太说一下。**

축구 경기 보러 가는 걸, 오늘 돌아가서 저는 아내에게 꼭 말해야겠어요.

留学的事 Liú xué de shì	我 wǒ	跟父母商量一下儿 gēn fùmǔ shāngliang yíxiàr
去旅游的事 Qù lǚyóu de shì	我 wǒ	听听女朋友的意见 tīngtīng nǚ péngyou de yìjiàn
明天去参加球赛 Míngtiān qù cānjiā qiúsài	我 wǒ	向老师请假 xiàng lǎoshī qǐng jià

중국어 격언 한마디

不怕慢，只怕站。
Bú pà màn, zhǐ pà zhàn.
속도가 느린 것을 걱정하지 마라. 제자리에 멈춰 있지만 않으면 된다.

无论你要去哪儿，专心地去。
Wúlùn nǐ yào qù nǎr, zhuānxīn de qù.
어느 곳을 향해 가든지, 마음을 다해 가라.

未来取决于你现在正做什么。
Wèilái qǔjué yú nǐ xiànzài zhèng zuò shénme.
미래는 당신이 현재 무엇을 하는가에 달려있다.

胖子不是一口吃成的。
Pàngzi bú shì yì kǒu chīchéng de.
뚱뚱한 사람은 한 입만 먹어서 만들어진 것이 아니다. (무슨 일이든 한 번에 되지 않는다.)

知之者不如好之者，好之者不如乐之者。
Zhī zhī zhě bùrú hào zhī zhě, hào zhī zhě bùrú lè zhī zhě.
아는 것은 좋아하는 것만 못하고, 좋아하는 것은 즐기는 것만 못하다.

不经历风雨怎么见彩虹。
Bù jīnglì fēngyǔ zěnme jiàn cǎihóng.
비바람을 겪지 않고서 어떻게 무지개를 볼 수 있겠는가.

124

15 你能帮我一个忙吗?
당신이 저를 좀 도와줄 수 있나요?

📖 **학습내용**

- 동사 '租'와 '借'
- 부사 '从来'의 용법
- 전치사 '替'의 용법
- 동의의 '好的'

- 추측의 '大概'
- 부사 '究竟'의 용법
- 'A 成为 B'
- 비교의 대상을 이끄는 '于'

 단어 🎧 15-01

尽力 jìn lì 동 힘을 다하다	租 zū 동 (유료로) 빌리다, 임차하다
房子 fángzi 명 집, 건물	从来 cónglái 부 지금까지
替 tì 전 ~을 대신하여	消息 xiāoxi 명 소식, 정보
厨房 chúfáng 명 부엌	大概 dàgài 부 대략
究竟 jiūjìng 부 도대체	信用卡 xìnyòngkǎ 명 신용카드
还款 huán kuǎn 동 상환하다, 돈을 갚다	借记卡 jièjìkǎ 명 직불카드, 데빗카드
变化 biànhuà 명 변화 동 변화하다	过去 guòqù 명 과거
现金 xiànjīn 명 현금	使用 shǐyòng 동 사용하다
刷卡 shuā kǎ 동 카드를 긁다	透支 tòuzhī 동 가불하다
移动支付 yídòng zhīfù 명 모바일 결제	成为 chéngwéi 동 ~으로 되다
消费 xiāofèi 명 소비 동 소비하다	首选 shǒuxuǎn 동 우선하여 선택하다
快捷 kuàijié 형 재빠르다	口袋 kǒudài 명 주머니
以及 yǐjí 접 및, 그리고	塞入 sāirù 동 집어넣다
依靠 yīkào 동 기대다, 의지하다	部 bù 양 휴대전화 등의 기계를 세는 양사
一系列 yíxìliè 일련의	买卖 mǎimai 명 매매, 장사

金多情　小英，你能帮我一个忙吗？

林小英　什么事儿，只要我能帮，一定尽力。

金多情　是这样，我现在住的宿舍两个人一个房间，不太方便，
　　　　住宾馆又太贵。

林小英　明白了，你想租❶个房子，是吧？

金多情　没错！你知道怎么找房子吗？

林小英　我从来❷没租❶过房子，不是特别清楚，不过我的一个朋友
　　　　以前租❶过一间房子，我可以替❸你问问他。

金多情　那太好了，谢谢你！

林小英　别客气，你也别太着急，我今天晚上就给他打电话。

金多情　好的❹，我等你的消息。

李贤秀　朴小姐，你下午下班以后能陪我去一下商店吗？

朴英美　去商店干吗？

李贤秀　是这样，我想买点儿厨房用的东西，可是没有经验，不知道需要哪些东西。

朴英美　这好办，下班我跟你一起去。

李贤秀　那太好了，谢谢你！

朴英美　这点儿小事，客气什么。

李贤秀　对了，你说我大概⁵需要多少钱？

朴英美　那得看你买多少东西了。

李贤秀　可是我也不知道究竟⁶需要什么啊。我怕钱不够。

朴英美　你没有信用卡吗？有信用卡就可以先消费、后还款的。

李贤秀　我没有信用卡，只有一张借记卡。

支付方式的变化

去商店买东西，已经不像过去那样要带很多现金了。因为很多人都有许多银行卡，这些卡，大部分都可以在商场直接使用。"刷卡"成了城市人主要的付款方式，刷卡既安全又方便，而且有很多卡还可以透支使用，这就更让人觉得方便了。

可是现在中国有了比刷卡更方便的支付方式了，那就是移动支付。现在移动支付成为[7]了大多数人在消费时首选的支付方式了。相比较于[8]传统的支付方式而言，移动支付更为方便与快捷，人们出门无需再在口袋以及钱包里塞入现金或什么卡之类的，只需依靠一部手机，即可顺利地完成一系列的"买卖"。

문법 해설

1 동사 '租'와 '借'

둘 다 '빌리다'라는 뜻의 동사이다. 그러나 '租 zū'는 '돈을 주고 빌리다', '임차하다'라는 의미이고, '借 jiè'는 '(무료로) 빌리다'라는 점에서 의미가 다르다.

- 我租了一所房子。
  나는 집을 한 곳 임차했다.

- 我跟她借了一本书。
  나는 그녀에게 책을 한 권 빌렸다.

2 부사 '从来'의 용법

'줄곧', '지금까지'라는 뜻의 부사로, 주로 부정문에 쓰인다. 긍정문에 쓰일 때는 습관적이고 객관적인 사실을 언급하는 경우에 한한다.

- 她总是喝咖啡，从来不喝绿茶。
  그녀는 늘 커피를 마셨지, 녹차는 지금까지 마시지 않았다.

- 王老师的桌子从来都很干净。
  왕 선생님의 책상은 줄곧 깨끗하다.

* 绿茶 lǜchá 녹차

3 전치사 '替'의 용법

'~을 대신하여'라는 뜻의 전치사로, 바로 뒤의 명사는 동사의 동작으로 인하여 혜택을 얻게 되는 사람을 가리킨다.

- 请替我向王老师问好。
  저를 대신해서 왕 선생님에게 안부를 전해 주세요.

- 站在孩子的立场，替孩子着想。
  아이의 입장에 서서 아이를 위해서 생각해라.

* 立场 lìchǎng 입장 ｜ 着想 zhuóxiǎng 생각하다, 고려하다

문법 해설

4 동의의 '好的'

문장의 첫머리에 쓰여서 상대방의 의견이나 제안에 대하여 동의함을 나타내거나 대화가 그 지점에서 일단락되었음을 나타낸다.

- 好的，就这样定了。 좋아, 그럼 이렇게 정한 거야.
- 好的，今天说到这儿吧！ 좋아, 오늘 이야기는 여기까지 하자!

5 추측의 '大概'

'대략', '아마 ~같다'라는 뜻의 부사로, 주로 주어와 동사 사이에서 전체 문장에 추측의 어감을 더해준다.

- 从我家到学校，大概有十公里。
  우리 집에서 학교까지 대략 10킬로미터는 되는 것 같다.

- 已经十二点了，她大概不会来了。
  벌써 12시니까 그녀는 아마도 오지 않을 것 같아요.

6 부사 '究竟'의 용법

'도대체', '결국'이라는 뜻의 부사로, 주로 의문문이나 의문의 느낌이 포함된 문장에서 상대방을 추궁하는 어감을 더해준다. 일반적으로 주어와 서술어 사이에 오지만, 주어를 추궁하는 어감을 강조하고 싶다면, 주어 앞에 사용해야 한다.

- 看你这么生气，究竟出了什么事?
  네가 이렇게 화를 내다니, 도대체 무슨 일이 생긴 거야?

- 昨晚来的那个人究竟是谁?
  어젯밤에 온 그 사람은 도대체 누구야?

- 究竟你去还是他去?
  도대체 네가 가는 거야, 아니면 그가 가는 거야?

7 'A 成为 B'

동사 '成'과 결과보어 '为'가 결합한 형태로, 'A'가 자연스러운 과정을 거쳐서 'B'라는 결과로 바뀐다는 뜻을 나타낸다. 만약 사람이나 사물의 '변화'에 중점을 두는 경우에는 '变成 biànchéng'을 사용한다.

- 毕业以后，我想成为有名的作家。
  졸업한 뒤에 나는 유명한 작가가 되고 싶다.

- 要成为职业运动员很不容易。
  프로선수가 되기는 정말 쉽지 않다.

- 几年不见，她已经变成大学生了。
  몇 년 못 만난 사이, 그녀는 이미 대학생이 되어 있었다.

8 비교의 대상을 이끄는 '于'

전치사 '于'는 형용사나 동사 뒤에서 비교의 대상을 이끈다. 동사 '比较'와 결합하면 비교 대상 뒤에서 비교의 결과를 덧붙여 말하고, 형용사와 결합하면 별도의 서술어는 대부분 필요하지 않다.

- 当地生产的食品比较于外地生产的更加新鲜。
  현지에서 생산한 식품이 타지에서 생산한 것보다 더욱 신선하다.

- 员工过劳死，公司的责任重于泰山。
  직원의 과로사는 회사의 책임이 태산보다 무겁다.

> * 当地 dāngdì 현지 ｜ 过劳死 guòláosǐ 과로사 ｜ 责任 zérèn 책임 ｜
> 泰山 tàishān 태산, 중요하고 가치 있는 것을 비유적으로 이름

문형 연습

15-05

1 从来 ， 。 ～은 줄곧(지금까지) ～해서, ～해요.

예 **我从来没租过房子，不是特别清楚。**

저는 지금까지 집을 임차해 본 적이 없어서, 특별히 잘 알지는 못해요.

我 Wǒ	没交过女朋友 méi jiāoguo nǚ péngyou	我想大学毕业以后再说 wǒ xiǎng dàxué bì yè yǐhòu zài shuō
我 Wǒ	没迟到过 méi chídào guo	每天都按时去上课 měitiān dōu ànshí qù shàng kè
她 Tā	都非常认真 dōu fēicháng rènzhēn	学习成绩很好 xuéxí chéngjì hěn hǎo

15-06

2 大概 。 ～은 대략(아마도) ～일 거예요.

예 **你说我大概得带多少钱？**

제가 대략 얼마 정도 돈을 가지고 있어야 하는지 말해 주실래요?

我这次去中国旅游 Wǒ zhè cì qù Zhōngguó lǚyóu	去十天。 qù shí tiān.
这么晚了我看她 Zhème wǎn le wǒ kàn tā	不会来了。 bú huì lái le.
我觉得他 Wǒ juéde tā	会同意的。 huì tóngyì de.

16 复习2
복습2

 학습내용

- '什么的'
- 이중부정을 이용한 강조 '非A不可'
- 젓가락은 왜 '筷子'일까?

단어 🎧 16-01

洗 xǐ 통 씻다	准备 zhǔnbèi 통 준비하다
下周 xiàzhōu 명 다음 주	预习 yùxí 통 예습하다
努力 nǔlì 통 노력하다, 힘쓰다	难怪 nánguài 부 과연, 어쩐지
成绩 chéngjì 명 성적	搬家 bān jiā 통 이사하다
销售 xiāoshòu 통 판매하다	老板 lǎobǎn 명 사장, 주인
加班 jiā bān 통 초과 근무하다	答应 dāying 통 동의하다
孩子 háizi 명 아이	动物园 dòngwùyuán 명 동물원
不好意思 bùhǎoyìsi 부끄럽다, 미안하다	
夫妇 fūfù 명 부부	家务 jiāwù 명 집안일
打扫 dǎsǎo 통 청소하다	睡觉 shuì jiào 통 잠자다
不知不觉 bùzhī bùjué 자신도 모르는 사이에	

我有四个朋友，他们周末都要干什么呢？

我先介绍林小英和金多情。她们两个人是同班同学。林小英的周末是很忙的，她有时候跟朋友一起出去玩儿，有时候去买东西，但大部分时间是在家里干些活儿，比如洗衣服，准备下周要用的东西什么的[1]。她常说如果一周三天是周末就好了。

金多情跟林小英不同，她认为学习是最重要的事情。每到周末，她都要把上一周学过的东西认真地复习一遍，还要把下周要学的东西认真地预习一下儿。她学习很努力，难怪成绩那么好。不过这个周末恐怕没时间学习了，因为她找到了房子，要搬家。她找的房子离学校很近，大概走十分钟就能到学校。

　　我再介绍张浚成和李贤秀。他们俩在公司销售部工作。本周五下班前，张浚成告诉李贤秀，老板对他们下半年的销售计划不太满意，并要求他们下周一上班要交一份新的计划。这样一来，周末非加班不可**2**了。李贤秀每周六都要去爬山的，看来这次又爬不成了。张浚成已经好几次答应孩子去动物园，都因为加班或忙别的事没有去成。这次他早就答应孩子这个周六去，现在看来也去不成了。他真不好意思再跟孩子说"下周去"那句话了。

周末时光

周末本应该是休息的时间，可是因为现在人们的工作越来越忙，很多人平时都在忙工作，自己的事情没有时间做，只好都留到周末再做，这样，周末有时比平时还忙。特别是结了婚有了家庭、孩子以后，很多家庭夫妇两个都上班，家务事就只能放在周末来做，星期六早上先要把一周的脏衣服洗了，然后还要打扫房间、买菜、陪孩子玩儿或者学习，星期天要给朋友们打打电话，有时要跟朋友们聚会一下，然后准备下周工作要用的资料。等到忙完了，发现一个周末已经过去了，星期天晚上要早点儿睡觉，因为星期一早上还要早起上班。这样，一个周末过完了，才发现自己连看电视、看电影的时间都没有，而且常常是在不知不觉中，周末就已经过去了。所以，现在很多人早早地做好计划，希望在周末的时候可以到郊区、公园玩儿玩儿，但大多数时候计划没有变化快，能去成的时候不太多。

문법 해설

1 '什么的'

하나 혹은 둘 이상 이어지는 여러 가지 예시의 마지막에 덧붙여 '~같은 것', '~ 등등'이라는 뜻을 나타낸다.

- **我喜欢看爱情小说什么的。**
  나는 로맨스 소설 같은 걸 읽는 것을 좋아한다.

- **昨天妈妈给我买了笔记本、自动铅笔、书包什么的。**
  어제 엄마가 저에게 노트, 샤프펜, 책가방 등을 사주셨어요.

  ＊ **爱情小说** àiqíng xiǎoshuō 로맨스(연애) 소설

2 이중부정을 이용한 강조 '非 A 不可'

강조하고 싶은 동사구나 절 등을 '非'와 '不可'로 둘러싸서 '반드시 A하지 않으면 안 된다'라는 뜻을 나타내는 이중부정 구문이다. 이중부정은 결국 강한 긍정을 나타내므로 주로 화자의 의지나 필연성 등을 표현하는 데 사용한다. '不可'는 '不成'이나 '不行'으로 바꾸어 쓰기도 한다.

- **她的感冒很重，非打针不可。**
  그녀의 감기가 아주 심해서 주사를 맞지 않으면 안 돼.

- **答应别人的事儿，非做到不可。**
  다른 사람의 부탁을 승낙했다면 끝까지 하지 않으면 안 돼.

  ＊ **打针** dǎ zhēn 주사를 맞다

젓가락은 왜 '筷子'일까?

　우리말에서는 숟가락과 젓가락을 함께 부를 때 '수저'라고 하죠? '수'는 '밥 한술'이라고 할 때의 '술'에서 유래한 고유어이지만, '저'는 '젓가락 저(箸)'라는 한자어이니 '수저'는 결국 '고유어'와 '한자어'가 결합한 보기 드문 단어인 셈입니다. 그런데 음식을 먹을 때, 거의 젓가락만 사용하는 중국에서 만들어진 '箸(저)'라는 한자가 우리나라에서는 여전히 쓰이고 있는데, 현대 중국어에서는 오히려 쓰이지 않게 되었답니다. 현대 중국어에서 '젓가락'이라고 말할 때는 '箸(저)'와는 글자도 발음도 전혀 다른 '筷子 kuàizi'라는 단어를 사용합니다. '筷子'가 젓가락을 뜻하게 된 유래에 대해서는 몇 가지 이야기가 전해지고 있지만, 가장 유력한 설은 선원들의 '터부'와 관련이 있는 것으로 보입니다.

　지금도 그렇지만, 명나라 때 오(吳) 지방(항저우, 상하이 등의 중국 남부지역)에서는 양쯔강(长江)을 중심으로 강과 운하를 경유한 물류 운송이 활발하게 이루어지고 있었습니다. 그 핵심을 담당하던 선원들은 배 위에서 며칠을 먹고 자면서 쌀과 온갖 물품들을 중국 각지로 운반했습니다. 그러니 그들에게 있어서 배가 '멈춘다'는 것은 바로 일이 없어지고 수입이 줄어들게 된다는 기분 나쁜 말이었겠죠? 공교롭게도 당시까지 젓가락은 '箸 zhù'라고 불리고 있었는데, '멈추다'라는 뜻의 '住 zhù'와 발음이 같았던 것입니다. 밥을 먹을 때마다 젓가락을 사용하고 말해야 하는데, 그게 '멈춰!'라는 말로 들린다면 얼마나 불길하게 느껴졌을지 쉽게 상상할 수 있겠죠. 그래서 선원들이 오히려 '빠르다'라는 뜻의 '快 kuài'에 젓가락의 재료인 대나무 죽(竹)을 붙여서 젓가락을 '筷子'라고 부르게 되었다는 이야기입니다. 젓가락을 말할 때마다 '빨리'라는 느낌이 들게 되니 얼마나 기분이 좋았을까요!

〈명(明)·육용(陆容)의 『숙원잡기(菽园杂记)』에서〉

본문 해석

01 请多指教。

본문 1

김정남 　이현수 씨, 우리 회사 입사를 환영해요. 먼저 제가
　　　　회사 상황을 좀 소개할게요.

이현수 　정말 감사합니다. 폐를 끼치게 되었네요.

김정남 　천만에요. 앞으로 우리는 동료니까 무슨 일이 있
　　　　으면 얼마든지 제게 말하세요. 도울 수 있는 것은
　　　　제가 꼭 돕겠습니다.

이현수 　고맙습니다! 저는 신참이니까 앞으로 폐를 많이
　　　　끼치게 될 거예요.

김정남 　우리 회사는 무역회사예요. 주로 수출입 무역을
　　　　하죠.

이현수 　그럼 우리 무역 상대는 주로 어느 나라들입니까?

김정남 　우리는 여러 아시아 국가와 업무 거래가 있지만,
　　　　지금은 중국과의 무역액이 가장 커요.

이현수 　알겠어요. 회사에서 저를 채용한 건 제가 중국어
　　　　를 할 수 있기 때문이죠?

김정남 　맞아요. 그리고 현수 씨는 국제무역에 관련된 지
　　　　식도 공부했잖아요?

본문 2

김정남 　여러분, 제가 여러분에게 소개를 좀 할게요. 이분
　　　　은 우리 회사 신입사원이고, 오늘부터 마케팅부에
　　　　서 근무하게 되었습니다.

이현수 　여러분, 안녕하세요! 저는 이현수라고 합니다. 앞
　　　　으로 많은 지도 부탁드립니다.

김정남 　현수 씨, 마케팅부 장준성 부장님을 소개할게요.

장준성 　환영합니다. 이현수 씨. 우리 마케팅부는 현재 중
　　　　국어를 잘하는 사람이 부족했는데, 회사에서 현수
　　　　씨를 채용할 수 있게 되어 참 잘 됐어요.

이현수 　고맙습니다, 장 부장님. 이 회사에서 일하게 되어
　　　　저도 아주 기쁩니다. 앞으로 업무 처리 중에 장 부
　　　　장님께 많은 가르침을 부탁드리겠습니다.

장준성 　너무 격식 차리지 마세요. 앞으로 함께 노력하고
　　　　서로 도웁시다. 자, 제가 다른 동료들을 소개해 줄
　　　　게요.

독해

첫 입사

　　한아국제무역회사는 한국의 무역회사로서 주로 국제 무
역 방면의 업무를 진행합니다. 이 회사와 비즈니스 업무 교
류가 있는 아시아 국가는 많은데, 그중 중국과의 무역액이
가장 큽니다. 이현수는 중국에서 중국어를 공부한 후, 이 회
사에 입사했습니다. 이 회사는 현재 중국어를 잘하는 사람
이 부족해서 회사 직원들은 그를 대단히 환영합니다.

　　회사 출근 첫날, 인사부 김 부장이 그에게 회사의 상황을
소개했습니다. 그리고 그가 근무하게 될 마케팅부에 데리고
가서 장준성 부장에게 그를 소개했습니다. 장 선생은 이현수
가 와서 근무하게 된 것을 아주 기뻐하면서 다른 동료들도
그에게 소개해 주었습니다. 이현수도 이 회사에서 일하면서
그가 배웠던 중국어와 국제무역 방면의 지식을 쓸 수 있어서
아주 기뻐하고 있습니다.

02 只要签个字就可以了。

본문 1

박영미 　현수 씨, 저를 따라오세요. 제가 우리 사무실을 소
　　　　개해 줄게요.

이현수 　네, 폐를 끼치게 되었네요.

박영미 　별말씀을요. 저는 회사의 비서 박영미라고 해요.
　　　　이건 제가 해야 하는 업무인걸요.

이현수 　고맙습니다!

박영미 　보세요. 여기가 바로 우리 사무실이에요. 가장 안
　　　　쪽에 있는 작은 방이 장 부장님의 사무실이에요.
　　　　현수 씨 책상은 저쪽 창문 옆에 있어요. 어때요?
　　　　맘에 드세요?

이현수 　마음에 듭니다. 문제없습니다.

박영미 　우리 사무실에서 나가서 왼쪽으로 꺾어서 끝까지
　　　　걸어가면 화장실이고, 오른쪽으로 꺾어서 끝까지
　　　　가면 커피실(휴게실)이에요. 만약 담배를 피우려면
　　　　휴식 시간에 저기로 가면 돼요.

이현수 　편리하군요. 그런데 잘못 기억했다가는 정말 큰일
　　　　나겠는걸요!

박영미 　현수 씨는 참 유머러스하네요!

본문 2

박영미 　현수 씨, 뭘 찾고 있어요?

이현수 　아, 박 비서님이군요. 복사기를 좀 사용하려고 하는데 어디 있는지 몰라서요.

박영미 　그렇군요. 저를 따라오세요. 보세요. 우리 회사의 사무용품 대부분은 계단 모퉁이에 있는 이 방에 있어요. 신 대리님이 이런 물건들을 전담해서 관리하고 있어요. 필요한 게 있으면 여기 와서 사인만 하고 가져가면 돼요.

이현수 　정말 편리하네요.

박영미 　그런데 사실은 여기 오실 필요가 전혀 없어요.

이현수 　왜요?

박영미 　현수 씨가 뭘 해야 하거나 뭔가 필요하면 저한테 알려주기만 하면 돼요. 만약 제가 자리에 없을 때는 제 책상 위에 메모를 남기면 제가 돌아와서 처리해 드릴 거예요.

이현수 　그럼 정말 고맙군요.

박영미 　별말씀을요. 이게 제 업무예요.

독해

사무환경

　한아국제무역회사 마케팅부의 사무실은 매우 큽니다. 사무실 가장 안쪽에 있는 작은 방은 장 부장의 사무실입니다. 이현수의 책상은 창문 옆에 있습니다. 회사의 비서 박영미가 그에게 회사의 사무환경에 대해 소개해 주었습니다. 사무실에서 나와 왼쪽으로 꺾어서 제일 마지막 방이 화장실이고, 오른쪽으로 꺾어서 제일 마지막 방이 휴게실 겸 커피실입니다.

　회사의 사무용품 대부분은 모두 계단 모퉁이에 있는 방에 있는데, 신 대리가 전담하여 관리하고 있습니다. 하지만 이현수는 무슨 일이 있거나 뭔가 필요할 때 박 비서에게 알려주기만 하면 되기 때문에 일반적으로 그가 직접 올 필요는 없습니다. 박 비서가 대신 처리해 주니까요.

03 你是怎么学习的?

본문 1

박영미 　현수 씨, 시간 있어요?

이현수 　네, 무슨 일이라도 있나요?

박영미 　현수 씨 중국어 수준이 높다고 들었는데, 중국어 공부에 관한 상황을 좀 묻고 싶어서요.

이현수 　과찬이에요. 저는 단지 중국어를 거의 1년 정도 배워서 중국어에 대해 조금 알고 있어요.

박영미 　중국어가 무척 어렵다고 들었는데, 그런가요?

이현수 　저도 공부하기 전에 그런 말을 들었는데, 배우다 보면 사람들 말처럼 그렇게 어렵지 않다는 것을 알게 돼요.

박영미 　왜 그렇죠?

이현수 　한국인 입장에서 보면 중국어 발음이 특별히 어려운 건 아니니까요. 많지 않은 몇 개 발음만 좀 어렵거든요. 그리고 성조가 좀 어려운데 이건 다른 나라 사람들도 마찬가지예요.

박영미 　그럼 문법은요?

이현수 　중국어 문법은 한국어와 매우 달라요. 그렇지만 익숙해지면 어렵지 않아요.

박영미 　그럼 왜 중국어가 어렵지 않다는 거예요?

이현수 　왜냐하면 중국어의 많은 단어가 한국어 단어의 뜻이나 발음과 거의 비슷해서 기억하기 아주 쉬워요. 어떤 때는 배우지 않은 단어들도 뜻을 추측할 수 있어요. 이 정도면 쉽다고 할 수 있지 않을까요?

본문 2

김다정 　샤오잉, 한국어가 점점 유창해지는구나.

린샤오잉 　그래? 칭찬해 줘서 고마워. 난 아직도 멀었다고 생각하는데.

김다정 　너는 너무 겸손해. 궁금해서 그러는데, 많은 사람들이 한국어 공부가 어렵다고 하는데 너는 어떻게 공부했어?

린샤오잉 　처음 공부를 시작했을 때 나도 한국어가 어렵게 느껴졌어. 특히 한국어 발음이 어려웠는데, 어떤 발음들은 처음에 전혀 못 알아들었어.

김다정 　그럼 너는 어떻게 그 문제를 해결했어?

린샤오잉 　뭐 특별하게 좋은 방법도 없어. 많이 듣고 열심히 흉내 내는 수밖에 없어. 아는 단어가 많아지면 이런 발음의 차이를 알 수 있게 돼.

김다정 　그럼 다른 방면은 어떻게 향상시켰어?

린샤오잉 　사실 이건 언니가 중국어를 공부하는 것과 똑같아. 많이 듣고 많이 말하고 많이 연습하는 게 가장 좋은 방법이야.

김다정 　맞아. 언어를 배우는 데 그게 가장 좋은 방법이지.

린샤오잉 　나 또 한 가지 좋은 방법이 있어.

김다정 　뭔데?

린샤오잉 　바로 언니 오빠랑 자주 같이 노는 거야.

김다정 　하하, 그 방법은 너한테 좋을 뿐만 아니라 우리한테도 좋지.

외국어 공부

최근 외국어를 공부하는 사람들이 점점 많아지고 있습니다. 외국어는 마치 다른 세계의 문을 여는 열쇠와 같아서 이 열쇠가 있으면 당신은 새로운 세계를 볼 수 있고 새로운 지식을 알 수 있습니다. 또한 오늘날 국가 간의 문화, 무역 거래가 점점 많아지고 있으므로 한 가지 외국어를 마스터하면 일할 기회도 더 많아지게 됩니다.

하지만 어떤 사람들은 외국어를 배우기 힘들다고 생각해서 어떻게 공부해야 제대로 배울 수 있는지 모릅니다. 심지어 어떤 사람들은 지름길을 찾아 빨리 배우기를 바라기도 합니다. 사실, 외국어 공부에 지름길은 없지만, 일부 방법이 비교적 효과적인 것은 사실입니다. 예를 들어, 가장 좋은 공부 방법은 당신이 공부하려는 언어의 언어 환경을 찾는 것, 즉 유학해서 외국인과 친구가 되어 자주 외국어로 교류하는 것입니다. 그리고 많이 듣고, 많이 말하고, 많이 연습하고, 많이 외우는 것입니다. 언어의 사용은 숙련되는 과정입니다. 많이 연습하기만 하면 반드시 빨리 습득할 수 있습니다.

 04 倒霉透了。

본문 1

박영미	현수 씨, 안색이 별로 안 좋아 보이는데 무슨 일 있어요?
이현수	말도 마요. 저 오늘 정말 재수가 없었어요.
박영미	왜요?
이현수	아침에 집에서 나온 후에 열쇠를 갖고 나오지 않은 걸 발견했어요. 저는 어차피 사무실에 사람이 있으니까 괜찮다고 생각했죠.
박영미	그렇죠. 별것 아니잖아요.
이현수	근데 문제는 차에 타고 얼마 안 돼서 보니 지갑도 없다는 걸 발견했어요.
박영미	깜빡하고 안 가지고 나온 거예요, 아니면 도둑맞은 거예요?
이현수	지금 저도 잘 모르겠어요. 저녁에 집에 가 봐야 알아요.
박영미	그럼 버스는 어떻게 탔어요?
이현수	다행히 휴대폰이 있어서 그걸로 지불했어요.

김다정	샤오잉, 너 왜 그래? 기분이 안 좋아 보이는데.
린샤오잉	응, 나 지금 기분이 엉망이야.
김다정	왜?
린샤오잉	어제 회사에서 나한테 번역 자료를 줬어. 내일까지 거래처에 납품해야 한다고 하면서.
김다정	그럼 기분 안 좋을 게 뭐 있어? 얼른 번역하면 되잖아.
린샤오잉	어제저녁에 자료를 받고 바로 번역은 다 끝냈어.
김다정	그럼 또 뭐가 문제야?
린샤오잉	문제는 오늘 아침에 일어난 후에 그 자료를 찾을 수 없었다는 거야.
김다정	어떻게 그럴 수가 있지? 누가 너한테 장난으로 가져간 거 아니야?
린샤오잉	어제 내 기숙사에는 아무도 오지 않았어.
김다정	그럼 너 어딘가에 두고 깜빡한 거 아니야?
린샤오잉	그럴 수도 있어. 난 평소에 여기저기 흘리고 다니는 고질병이 있으니까.
김다정	그럼 조급해하지 마. 내가 함께 찾아봐 줄게.

일 처리 태도

사람은 가끔 운수가 조금 나쁠 때가 있습니다. 예를 들면 당신이 찾으려는 물건을 아무리 찾아도 찾지 못하거나, 당신이 하려고 하는 일을 아무리 해도 잘하지 못하는 등의 경우이죠. 사실 이런 것들은 모두 운수와 관계없이 사람의 건강 상태, 기분, 습관 등과 관련이 있습니다. 예를 들어, 당신이 일에 너무 지쳤거나 건강 상태가 안 좋으면 일할 때 문제가 발생할 가능성이 높습니다. 기분이 나쁘거나 조급하거나 화내는 것도 당신으로 하여금 일이 순조롭지 못하다고 느끼게 합니다. 또 하나 비교적 중요한 부분은 그 사람의 생활 습관입니다. 만약 평소에 규칙적이지 않거나 물건을 여기저기 잘 흘리고 다닌다면, 어떤 물건이 필요할 때 좀처럼 쉽게 찾을 수 없습니다.

어떤 때는 먼저 발생한 순조롭지 못한 일에 대한 태도가 나중 일에까지 영향을 미치게 됩니다. 즉, 당신이 먼저 발생한 순조롭지 못한 일을 나쁜 운세의 시작으로 생각한다면, 그 뒤에도 계속 나쁜 운세가 따라다닙니다. 반면, 당신이 그렇게 생각하지 않고, 첫 번째 발생한 문제를 단순히 하나의 독립적인 문제로 간주하고 해결해서 아무 문제 없이 당신의 기분에 영향을 주지 않는다면, 뒤에 일도 훨씬 순조롭게 진행될 것입니다.

05 我想买去上海的飞机票。

본문 1

이현수 안녕하세요. 항공사 티켓 예매처입니까?
매표원 네. 어떤 날짜로 티켓을 예약하실 건가요?
이현수 모레 상하이로 가는 티켓 두 장을 예약하려고요.
매표원 모레, 시간은 언제로 해드릴까요?
이현수 모레 아침 티켓이 있습니까?
매표원 있습니다. 동방항공 비행기예요. 아침 8시 30분 겁니다.
이현수 좋아요. 그걸로 예약하겠습니다.
매표원 그럼 몇 분인가요?
이현수 두 명입니다.
매표원 두 분 성함과 주민등록번호를 알려 주실래요?
이현수 한국인 두 명입니다. 잠시 후에 이들 자료를 메일로 보내 드릴게요.
매표원 네, 고맙습니다.

본문 2

린샤오잉 안녕하세요. 목요일 저녁 창사행 기차표를 한 장 사려고 해요.
매표원 목요일 저녁 T41번, 맞요?
린샤오잉 네, 일반 침대석이 있나요?
매표원 죄송합니다. 목요일 저녁에 일반 침대석은 없어요. 지금부터 금요일까지 T41번에 일반 침대석은 매진이에요.
린샤오잉 그럼 다른 기차는 없나요?
매표원 하나 더 있는데요. K63, 광저우행인데 창사를 지납니다. 그리고 일반 침대석이 있긴 한데, 상단 자리밖에 없어요.
린샤오잉 괜찮아요. 그걸로 살게요.
매표원 네. 고객님께서 요구하신 건 목요일 24일 저녁 K63 창사까지 가는 일반 침대석 한 장입니다. 맞나요?
린샤오잉 맞습니다. 좀 물어볼게요. 출발과 도착 시간이 T41과 같은가요?
매표원 인터넷에 열차 시간표가 있어요. 검색해 볼 수 있어요.
린샤오잉 네. 고맙습니다.

외지 여행

요즘 여러 가지 이유로 여행하는 사람들이 점점 많아지고 있습니다. 누군가는 다른 곳에 가서 공부하기 위해서, 또 누군가는 외지에 가서 근무하기 위해서 또는 단지 낯선 곳에 가서 즐기고 구경하기 위해서 가겠지요. 이 때문에 새로운 문제가 생겨났는데, 바로 교통입니다. 어떻게 하면 더 빨리 더 안전하게 원하는 목적지에 도착할 수 있을까라는 문제죠.

중국에서는 대부분 사람들이 기차 수단을 선택합니다. 기차는 버스와 비교하여 더 쾌적하고 더 빠르고 안전할 뿐만 아니라 비행기보다 훨씬 저렴합니다. 그러나 기차를 타려는 사람들이 너무 많아서 또 새로운 문제가 발생하는데, 예를 들면 설, 겨울방학, 여름방학 등의 기간에는 기차표 구매가 어려워진다는 것입니다.

만약 일이 좀 급하면 사람들은 비행기를 선택합니다. 비행기 표는 대부분 시간대에 사기 어렵지 않기 때문입니다. 다만 좀 비쌀 때도 있고, 약간 저렴할 때도 있습니다.

06 我们有五六年 没有见面了吧?

본문 1

최영환 현수야, 너를 찾기가 쉽지 않네. 여러 사람한테 물어서 간신히 네 전화번호를 알게 됐어.
이현수 그래. 이렇게 오랫동안 만나지 못하다가 네 전화를 받으니 정말 너라는 게 실감이 나지 않았어.
최영환 그러고 보니 우리 5, 6년은 못 만난 거 같은데?
이현수 누가 아니래! 고등학교 졸업하고 한 번도 만나지 못 했으니까, 생각해보면 꼬박 7년이나 됐어.
최영환 어때? 현수, 요 몇 년 동안 잘 지냈어?
이현수 음, 뭐 특별한 것도 없어. 고등학교 졸업하고 대학교 가고, 대학교 졸업하고 대학원 가고, 지금은 무역회사에서 근무하고 있어. 너는? 넌 그동안 어떻게 지냈어?
최영환 나야 뭐, 너도 알잖아. 고등학교 졸업하고 의과대학에 입학했고, 졸업 후에는 먼저 몇 년 동안 의사로 일하다가 중의학에 관심이 생겨서 그만두고 중국에 와서 중의학을 배우게 됐지.
이현수 중의학이 때로는 정말 서양의학보다 더욱 효과적이야.

최영환　그래서 나는 중국으로 왔어. 직접 체험하고 이해하고 싶어서.

본문 2

린샤오잉　이번에 돌아갔을 때, 우리 고등학교 동창들이랑 모임을 한번 가졌어. 정말 재미있었어.

김다정　너는 동창들이랑 벌써 몇 년은 못 만났겠네?

린샤오잉　응. 동창들 대부분 3, 4년은 못 만났어. 다들 고등학교 졸업하고 나서는 만날 기회가 많지 않았지.

김다정　그럼 너희 동창들은 지금 다들 어떻게 지내고 있었어?

린샤오잉　대부분 동창은 나하고 비슷해. 지금 대학을 다니는 중이야. 하지만 고등학교 졸업하고 대학에 안 가고 바로 일하는 친구들도 있어.

김다정　친구들이 하는 일은 이상적이야?

린샤오잉　그렇게 이상적이진 않아. 요즘 중국에서는 학력이 그래도 많이 중요해.

독해

인간관계

　중국문화에서 사람과 사람 사이의 관계는 아주 중요합니다. 일반적으로 중국인은 자신과 상사, 부하직원, 동료와의 관계, 자신과 가정에서의 관계를 가장 중요시합니다. 이 두 가지 관계 외에 또 친구 사이의 관계가 있습니다. 대부분 사람들은 친구가 금전보다 더 중요하다고 생각합니다. 친구가 많은 사람은 언제나 사람들로부터 존중과 사랑을 받습니다. 주변 사람들은 이런 사람들을 인간관계가 좋다고 말합니다. 때로는 일 처리 과정에서 친구의 도움이 분명히 필요합니다. 또한, 친구가 있으면 좀처럼 외롭지 않습니다.

　그러나 사회의 빠른 발전과 더불어 현대인들의 가치관도 과거와 완전히 같지는 않습니다. 예를 들면, 요즘은 서비스업이 비교적 발달해서 사람들이 생활 속에서 친구의 도움을 필요로 하는 상황이 이전처럼 그리 많지 않습니다. 뿐만 아니라 지금의 도시 생활은 점점 바빠져서 사람들이 친구와 함께 보낼 시간은 점점 없어졌죠. 그렇기 때문에 지금 많은 도시 청년들은 퇴근 후 친구를 찾지 못하고 혼자 집에서 시간을 보낼 수밖에 없습니다.

07　我们经理让我来接你们。

본문 1

쟈오용　두 분이 장준성 씨와 이현수 씨 맞으시죠?

이현수　네, 당신은……?

쟈오용　장 선생님, 이 선생님, 안녕하세요. 저는 상하이 지점의 쟈오용입니다. 저희 부장님께서 저에게 두 분을 모셔오라고 하셨습니다.

장준성　쟈오 선생님, 안녕하세요. 고맙습니다!

쟈오용　천만에요. 오시느라 고생 많으셨습니다. 저를 따라 오십시오. 차는 밖에 있습니다.

이현수　좋아요. 지금 어디로 가죠?

쟈오용　저희 부장님께서 말씀하시기를, 두 분께서 막 도착하셨으니까 먼저 호텔에 가서 좀 쉬시고, 점심에 간단한 비즈니스 식사를 하고 오후에 회의를 하자고 합니다. 그리고 저녁에는 부장님께서 두 분께 식사를 대접하실 겁니다. 장 선생님이 보시기에 이렇게 안내해도 괜찮을까요?

장준성　괜찮아요. 세심하게 생각해 주셨네요. 고맙습니다!

쟈오용　별말씀을요. 자, 차에 탑시다.

본문 2

신 부장　자, 장 부장님, 이 선생님, 우리 건배 한 잔 합시다.

장준성　네. 우리가 함께 술을 못 마신 지도 몇 년이나 되었네요.

신 부장　그렇죠. 지난번 저희가 함께 식사한 건 한국 본사에서 회의할 때였죠.

이현수　저는 회사에 들어온 지 얼마 안 됐습니다. 신 부장님 앞으로 잘 부탁드립니다.

신 부장　별말씀을요. 너무 격식 차리지 마세요. 우리 앞으로 서로 도웁시다.

장준성　자, 우리 또 한 잔 합시다. 이제 모두 동료이고 친구니까 일이 있으면 서로 도와야죠.

신 부장　맞습니다. 두 분 음식 좀 드세요. 좀 지나면 다 식어요.

독해

식사 대접

　'民以食为天(백성은 식량을 하늘로 여긴다)'라는 중국 속담에서 알 수 있듯이 '먹는 것'은 중국에서 정말 중요합니다.

비단 일반 가정에서 매일 무엇을 먹을지, 어떻게 먹을지 고민할 뿐 아니라 중요한 많은 비즈니스 활동도 '먹는 것'과 관계가 있습니다. 비즈니스를 하는 대부분 사람들은 자신의 비즈니스 파트너와 식사를 함께 하는 것을 즐깁니다. 일반적으로 중국인은 같이 식사를 하면 쌍방의 감정이 좋아지고 일 또한 쉽게 성사된다고 여기기 때문입니다. 그러므로 외국인이 중국에 와서 비즈니스를 진행하려면 반드시 중국의 이런 특징을 이해해야 합니다. 만약 당신이 비즈니스 파트너의 초대를 받아들이지 않으면 아마 비즈니스가 그다지 순조롭게 진행되지 않을 것입니다. 또한 적당한 때에 중국인을 답례로 초대해야 합니다. 그래야 당신의 비즈니스 파트너는 당신이 자기를 존중하고, 자신과 기꺼이 협력하길 원한다고 생각합니다. 때로는 비즈니스 업무에서의 몇 가지 문제들이 회의할 때는 쉽게 해결되지 않지만 식사하는 과정에서 해결될 수도 있습니다.

친구 모임도 대부분 식사 위주의 형태입니다. 물론 이런 때 뭘 먹는가는 별로 중요하지 않습니다. 중요한 것은 한 가족처럼 친밀하게 모두 함께 둘러앉는 것입니다. 그러면 많은 일들을 잘 소통하게 됩니다.

08 复习1

본문

10월 중순, 이현수와 장준성 부장은 상하이에 와서 중국의 신 부장을 만났습니다. 일에 관해 이야기를 한 후, 신 부장은 상하이의 유명한 음식점으로 그들을 초대했습니다. 이곳에는 식사하는 사람이 매우 많았습니다. 중국인도 있고 외국인도 있었습니다. 신 부장은 그들을 위해 특색 있는 중국 요리를 주문했습니다. 식사 후에 신 부장은 그들에게 식사는 어땠냐고 물었습니다. 이현수는 아주 기쁘게 "네. 아주 좋아요, 아주 좋아요! 특색 있는 음식을 먹었을 뿐만 아니라 좋은 술까지 마셨네요. 고맙습니다!"라고 말했습니다. 신 부장은 시간이 아직 이르고 게다가 내일이면 두 사람이 귀국하니, 이들에게 다른 곳으로 가서 조금 더 시간을 보내자고 했습니다. 이현수와 장준성 부장은 그러자고 했습니다.

이현수와 장준성 부장은 상하이에 대해 잘 모르기 때문에 신 부장이 그들에게 분위기가 다른 상하이의 바를 소개해 주었습니다. 한국에 있을 때 이현수와 장준성 부장은 자주 바에 갔습니다. 상하이의 바는 어떤 모습인지 궁금해서 그들은 신 부장을 따라 예쁜 바에 갔습니다. 세 사람은 술을 마시면서 이야기를 나누었고, 편하고 재미있었습니다.

그들이 이야기하고 있을 때, 신 부장은 이현수와 장준성 부장에게 평소에 어떻게 휴식을 취하는지 물었습니다. 장준성 부장은 다양한 분위기의 바에 가서 앉아있는 것을 좋아한다고 했습니다. 이현수는 노래하기를 좋아해서 퇴근 후에 종종 친구들과 함께 노래방에 간다고 했습니다. 신 부장은 이현수가 노래를 잘 부르기 때문에 노래방에 가는 것을 좋아한다고 생각했습니다. 이현수가 별로 잘 부르지 못한다고 겸손하게 말했습니다. 단지 매일 일이 너무 고단해서 노래를 좀 부르면서 긴장을 푼다고 했습니다.

신 부장과 장 부장 모두 현수의 말에 동의하면서 음악이 긴장을 풀어준다고 생각했습니다. 그들은 이야기를 나눌수록 더욱더 즐거웠습니다. 마지막으로 장준성 부장은 상하이에 다시 올 때 시간이 있다면 같이 노래 부르러 가고, 또 노래 대결도 했으면 좋겠다고 했습니다.

독해

(쉬는 시간을) 즐겁게 보내는 방식

요즘은 사람들이 여가에 선택할 수 있는 오락 활동이 점점 많아지고 있습니다. 예를 들면 친구들과 함께 노래를 부르러 가거나 클럽에 가서 춤을 추거나, 카페에 가서 커피를 마실 수도 있죠. 영화관, 극장, 백화점 등 사람들이 갈 수 있는 곳은 아주 많습니다.

평소 일과 공부가 힘든 편이기 때문에, 사람들은 일반적으로 주말에 적당한 곳을 찾아서 쉽니다. 앞서 말한 이런 것들 외에 야외 활동도 많은 사람들이 좋아합니다. 예를 들면 등산, 낚시, 캠핑 등의 다양한 활동입니다. 이런 활동은 사람들의 피로를 풀어줄 뿐만 아니라 신체를 단련할 수 있어서 사람들을 더욱 건강하게 합니다.

또한 몇몇 사람들은 마작, TV 시청 등의 오락 활동을 좋아합니다. 그러나 대부분 사람들은 그래도 야외 활동이 더 좋다고 여기기 때문에, 요즘에는 주말이 되면, 교외가 사람들이 가장 가고 싶어 하는 장소가 되었습니다.

09 如果不合适, 还可以换吗?

본문 1

판매원 손님, 어떤 걸 사려고 하시나요?

김다정 이틀 후에 저희 엄마 생신이어서 제가 외투를 한 벌 사드리려고 해요.

판매원	어머님께서 올해 연세가 어떻게 되는지 좀 여쭤봐도 될까요?
김다정	이번 생신이 지나면 46세예요.
판매원	그럼 아직 젊으시군요. 손님이 보시기에 이 빨간색 옷은 어때요?
김다정	빨간색은 너무 화려하지 않나요?
판매원	그럼 이 검은색 옷 한번 보실래요? 아주 화려하고 귀티가 나죠.
김다정	색상은 괜찮은데, 제 생각에 스타일이 별로인 것 같아요.
판매원	이쪽에 다른 검은색 옷이 있어요. 올해 새로 나온 스타일인데, 어떤지 한번 보세요.
김다정	음, 이 옷은 괜찮아 보이네요. 저희 엄마는 저와 키는 비슷한데 저보다 좀 더 뚱뚱하세요. 맞는 사이즈가 있을까요?
판매원	그럼 어머니께서 아마도 저희 언니랑 비슷하겠네요. 제가 보기에 M 사이즈면 될 거예요.
김다정	그럼 만약 맞지 않으면 교환이 가능한가요?
판매원	더럽지 않고 포장만 제대로 보존하신다면, 일주일 내에 바꾸러 오셔도 됩니다.
김다정	그럼 좋네요! 얼마죠?
판매원	1800위안입니다.
김다정	비싸네요! 할인이 가능한가요?
판매원	마침 잘 오셨어요. 오늘이 주말이잖아요. 저희는 주말에 20%를 할인해 드립니다. 1440위안만 지불하시면 됩니다.
김다정	더 싸게는 안 될까요?
판매원	만약 회원 카드가 있으면 5% 더 할인해 드릴 수 있어요.
김다정	그런데 저는 회원 카드가 없어요.
판매원	그럼 어쩔 수 없네요.
김다정	좋아요. 이걸로 할게요.

독해

상점에서 쇼핑하기

　요즘 여러 쇼핑몰은 고객을 유치하기 위해 각양각색의 방법을 고안해냅니다. 예를 들면 어떤 쇼핑몰에서는 시간을 정해놓고 특가상품을 내놓는데, 이런 상품들은 품질에 어떤 하자가 있는 게 아니라, 다만 색상, 스타일 등의 문제로 사는 사람이 적어서 저가로 판매하는 것입니다. 또 일부 상품은 사이즈가 남아서 할인 판매하기도 합니다. 어떤 쇼핑몰에서는 고객에게 경품을 주기도 하는데, 일정 액수의 물건을 사기만 하면 그에 상응하는 경품을 줍니다. 또 다른 방식은 고객에게 일정 금액을 상품권으로 되돌려 주는 것인데, 이런 상품권은 쇼핑몰에서 현금으로 간주하여 물건을 구매할 수 있습니다. 가장 자주 보이는 방식은 고객이 아주 비싼 물건을 산 후 고객에게 회원 카드를 발급하는 것입니다. 회원 카드가 있는 고객은 일반 상품을 살 때 할인을 받을 수 있습니다. 이 뿐만 아니라 쇼핑몰에서 물건을 많이 샀다면, 쇼핑몰은 연말에 일정 수량의 상품권이나 선물을 고객에게 제공함으로써 고객의 상품 구매에 감사하고, 다음 해에도 계속해서 이 상점에서 쇼핑하기를 바랍니다.

　사실 고객 입장에서 보면 할인 여부가 중요하긴 하지만, 아무런 할인이 없더라도 모든 상품이 품질도 좋고 값도 싸다면 고객은 마찬가지로 찾아와 구매할 것입니다.

10　有什么别有病。

본문 1

이현수	박 비서님, 왜 그러세요?
박영미	괜찮아요. 어제 찬 바람을 좀 맞은 것 같아요. 오늘 아침에 일어나니 목이 아프고 열이 좀 나네요.
이현수	그럼 감기에 걸린 게 분명해요. 병원에 가 봤어요?
박영미	시간이 어디 있겠어요? 집에 감기약이 있어서 좀 먹고 몇 알 가져왔어요. 좀 이따 점심에 두 알 더 먹을 거예요.
이현수	감기는 큰 병은 아니라지만 그래도 괴롭죠. 약을 안 먹으면 쉽게 낫지 않고, 약을 먹으면 졸리기 쉽고, 하여튼 일에 영향을 주게 되죠.
박영미	그러게 말이에요. 아침에 약을 먹었는데 지금 졸려서 죽을 지경이에요.
이현수	그래서 '뭐든 있어도 되지만 병은 있어선 안 된다'라는 중국인들 말이 바로 그 말이에요.
박영미	그렇죠. 건강이 무엇보다 중요하니까 절대 아프지 말아야 해요.
이현수	그러니까 평소에 몸을 많이 단련해야 해요. 그래야 쉽게 아프지 않죠.

본문 2

린샤오잉 다정 언니, 좀 아프다고 했는데, 어때?

김다정 말도 마. 어제 친구 두 명이랑 같이 밥을 먹으러 갔는데 저녁에 돌아오자마자 설사를 하는 거야.

린샤오잉 그럼 무슨 깨끗하지 않은 음식이라도 먹은 거 아니야?

김다정 깨끗하지 않은 것 같진 않았어. 그리고 우리 셋이 같이 먹었는데, 내가 전화해서 물어보니 걔네는 괜찮대.

린샤오잉 그럼 언니가 요즘 몸이 별로 안 좋은 거야. 다른 사람들은 괜찮은데 언니만 아프니까.

김다정 그럴 수도 있어. 요즘 내가 좀 힘들어. 나 스스로도 몸이 예전처럼 그렇게 좋지 않다고 느껴져.

린샤오잉 그래. 그럼 좀 쉬어. 나 일단 돌아갔다가 내일 다시 보러 올게.

김다정 알았어. 붙잡지 않을게. 배웅도 못 하겠다. 나 또 화장실 가야 하니까.

독해

질병 예방

중국인들은 늘 '뭐든 다 있어도 되지만 병이 있어선 안 되고, 뭐든 없어도 되지만 돈이 없어선 안 된다'라고 말합니다. 아픈 것은 정말로 가장 안타까운 일이죠. 일단 병이 나면 공부, 일이 모두 지체됩니다. 많은 돈을 허비해야 할 뿐만 아니라 신체의 아픔은 아프지 않은 사람은 전혀 느낄 수 없는 것입니다. 게다가 가족, 친구들에게도 많은 폐를 끼치게 됩니다. 그러므로 누구나 아프고 싶어 하지 않지만, 병에 걸리거나 걸리지 않는 것은 스스로 결정할 수 없습니다. 때로는 스스로 느끼기도 전에 병이 이미 찾아와 있습니다. 특히 요즘 도시 청년들은 자기가 아직 젊고 몸이 건강하다고 여기고 신경 쓰지 않다가 업무와 학업 중에 너무 힘든 상황에 직면해야 휴식의 필요성을 생각하게 됩니다. 그리고 요즘엔 일에서 오는 스트레스도 점점 커지고 사람들의 시간도 점점 줄어들어 소수의 사람들만 신체 단련을 계속할 수 있습니다. 이 때문에 병에 걸리는 사람들이 점점 많아집니다. 요즘 사람들이 병에 걸리는 또 다른 중요한 원인은 우리가 먹는 음식이 이전처럼 그렇게 건강하지 않다는 것입니다. 식품의 종류는 점점 많아지고 있지만, 품질은 점점 떨어지고 있습니다. 그래서 요즘 사람들은 '친환경 식품'을 즐겨 먹습니다.

11 我还以为你的书桌是新的呢。

본문 1

김다정 샤오잉, 너 드라이버 있어?

린샤오잉 있긴 있는데, 드라이버 빌려서 뭐 하려고?

김다정 책상 서랍 손잡이 나사가 헐거워졌어. 드라이버로 돌려서 단단히 조여보려고.

린샤오잉 언니 책상 언제 산 거였지?

김다정 산 거 아니야. 친구가 귀국할 때 나한테 준 거야.

린샤오잉 나는 언니 책상이 새것인 줄 알았네.

김다정 친구가 쓰던 거야. 그런데 그 친구가 쓴 기간도 길지 않아서 거의 새것이라고 할 수 있지.

린샤오잉 아! 드라이버 찾았다. 여기.

김다정 내가 오후에 돌려줘도 괜찮아?

린샤오잉 괜찮아. 내일 돌려줘도 돼.

김다정 그럼 고마워!

본문 2

이현수 장 부장님, 저 방금 부장님을 봤어요. 주차 자리 찾고 계셨죠?

장준성 맞아요. 매일 그게 큰 문제예요. 조금만 늦게 와도 주차할 자리가 없거든요.

이현수 제 생각에는 그래도 버스 타는 게 비교적 편리한 것 같아요. 값도 싸고요.

장준성 그런데 버스는 너무 붐비잖아요. 그리고 종종 오래 기다려야 할 때도 있고.

이현수 우리 회사가 댁에서 별로 멀지 않으니까 자전거를 한번 타보시는 건 어때요?

장준성 저도 고려 중이에요. 자전거를 타면 붐비지도 않고 지각도 안 하게 되죠. 그리고 몸도 단련할 수 있고요. 그런데 자전거 타고 출근하면 너무 지쳐서 일에 영향을 줄까 봐 걱정이에요.

이현수 처음에는 힘들다고 느끼겠지만 시간이 지나서 습관이 되면 힘들지 않을 거예요.

장준성 그럼 좋아요. 내일부터 시작해서 한 달은 자전거를 타봐야겠어요. 만약 좋으면 앞으로 차를 운전하지 않을 거예요.

자전거 타기

과거에 사람들은 중국을 자전거 왕국이라고 말했었는데 이는 과언이 아닙니다. 중국에는 자전거가 매우 많습니다. 집집마다 한 대씩은 모두 가지고 있고, 심지어는 더 많이 가지고 있다고 할 수 있습니다. 자전거는 중국인의 중요한 교통 수단 중 하나입니다. 몇몇 소도시와 시골에서는 자전거가 버스보다 더 큰 기능을 발휘하고 있죠. 그러한 지역에는 버스가 없거나 적기 때문에 자전거가 없으면 무척 불편합니다.

대도시라고 해도 자전거는 마찬가지로 아주 중요합니다. 대도시의 교통 문제는 교통체증이 심각하다는 것입니다. 때로는 어딘가로 갈 때 버스를 타는 경우, 버스를 기다리거나 차가 막히는 시간을 다 합치면 자전거를 타는 것보다 훨씬 느립니다.

현대인들이 자전거를 타는 또 다른 이유는 대부분 자전거를 타는 것이 건강에 좋다고 생각하기 때문입니다. 요즘엔 다들 일이 점점 바빠지면서 몸을 단련할 시간이 전혀 없기 때문에 출근하는 길에 몸을 단련할 수 있다면, 이 또한 괜찮은 선택일 것입니다.

12 我不大会点菜。

본문 1

김다정　샤오잉, 네가 뭐 먹고 싶은지 봐봐.
린샤오잉　난 주문 잘 못 해. 언니가 시켜. 나는 아무거나 먹어도 돼.
김다정　그런데 우리는 중국 식당에 있잖아. 그러니까 네가 시켜.
린샤오잉　알았어. 담백한 거 먹는 게 어때?
김다정　좋아. 나는 기름진 게 제일 싫어.
린샤오잉　그럼 우리 '西芹百合(샐러리백합볶음)', '青椒炒腊肉(피망베이컨볶음)', '西湖牛肉羹(시후 쇠고기 스프)' 이렇게 시키자.
김다정　좋아. 뭘 마실까?
린샤오잉　나는 국화차를 마실 거야. 언니는 차가운 스프라이트 어때?
김다정　좋아. 이제 보니, 너 음식 주문을 잘하는구나.

이현수　장 부장님, 같이 저녁 식사하실래요?
장준성　좋죠. 식사하러 어디로 갈까요?
이현수　근처에 새로 오픈한 쓰촨 식당이 괜찮다고 하던데, 한번 맛보러 가는 건 어떠세요?
장준성　좋아요. 저는 쓰촨요리를 제일 좋아해요. 얼얼하면서 매워서 먹고 나면 특히 기분이 좋아요.
이현수　쓰촨요리 중에 무슨 요리를 가장 좋아하세요?
장준성　제가 가장 좋아하는 건 훠궈예요. 뭐든 다 먹을 수 있잖아요. 그리고 여럿이 함께 먹을 수 있어서 시끌벅적하기도 하고요.
이현수　네. 저도 훠궈가 좋아요. 우리 지금 가요.
장준성　갑시다. 현수 씨 얘기를 들으니 벌써 배가 고파지네요.

독해

중국 요리

중국 요리는 세계적으로 유명해서, 거의 모든 나라에서 중국 음식점을 볼 수 있습니다. 많은 사람들이 중국 요리를 좋아하는데, 중국 요리는 맛있을 뿐만 아니라 보기도 좋다고 여깁니다. 중국인의 말을 빌리자면, 바로 '색, 향, 맛, 모양'이 모두 좋다는 것으로, 여기서 '색'은 요리의 색깔이 보기 좋아야 한다는 것이고, '향'은 냄새를 맡았을 때 식욕을 불러 일으킬 수 있는 향이 나야 한다는 것이며, '맛'은 먹었을 때 맛있어야 한다는 것이고, '모양'은 요리의 모양이 보기 좋고 먹기에 편해야 한다는 것입니다. 중국의 음식문화는 몇천 년의 발전을 거쳐 오늘날 이미 몇 개의 큰 요리 계통이 형성되어 있습니다. 각각의 요리 계통은 모두 나름의 특색을 가지고 있고, 계통마다 특별 추천요리가 있는데 거의 모든 사람들이 즐겨 먹습니다.

그러나 요즘엔 중국 요리에 문제점이 존재한다고 여기는 사람들도 있습니다. 예를 들면 이전의 많은 전통 요리들이 과학 지식의 결여로 인해 영양 면에서 다소 부족하고, 대부분 중국 요리는 기름을 비교적 많이 사용하기 때문에 먹는 사람들이 느끼해 하며, 또한 일반적인 중국 요리는 만드는 데 소요되는 시간이 비교적 길다는 것입니다. 지금은 이런 상황들이 조금씩 바뀌고 있고, 중국의 요리사들도 과학 지식을 쌓기 위해 열심히 공부하고 있으며 중국 요리도 끊임없이 발전하고 있습니다. 우리는 중국 요리가 점점 더 맛있고 영양이 풍부해질 것이라고 믿습니다.

13 怪不得这么热。

본문 1

김다정　너 어제 일기예보 봤어?

린샤오잉　봤어. 오늘 최고기온이 34도이고 바람도 없대.

김다정　어쩐지 이렇게나 덥더라. 더는 못 참을 것 같아.

린샤오잉　베이징의 여름은 언제나 이렇게 더워. 근데 예보에 의하면 오늘 저녁에는 비가 온대. 내일은 아마 좀 시원해질 거야.

김다정　그럼 잘됐네!

린샤오잉　한국은 여름에 덥지 않니?

김다정　기온은 여기랑 비슷한데, 이렇게 덥게 느껴지진 않아.

린샤오잉　왜 그렇지?

김다정　나도 몰라. 그런데 아마 한국은 반도여서 주위에 바다가 있어서 그럴 거야.

본문 2

장준성　현수 씨, 제가 베이징에 가서 놀려면 언제 가는 게 가장 좋을까요?

이현수　베이징은 서울처럼 사계절이 있는데, 계절마다 나름의 특징이 있어요. 여행을 가신다면 제 생각에는 가을이 제일 좋을 것 같아요.

장준성　왜 그렇게 생각해요?

이현수　베이징의 봄은 시기가 아주 짧아요. 꽃이 피는 계절이라고 하지만 이따금 바람이 세게 불고 또 비교적 건조한 편이에요.

장준성　그럼 여름은요?

이현수　여름의 베이징은 무척 더워요. 어디를 가든 에어컨을 사용해야 하니까 밖에 나가서 놀기에는 그다지 적절하지 않죠.

장준성　겨울도 좋지 않아요?

이현수　겨울은 한국처럼 추운 편이에요. 경치는 아름답지만, 바깥에 온종일 있으려면 좀 불편하잖아요.

장준성　가을은 어떤 특징이 있어요?

이현수　베이징의 가을은 가장 아름다운 계절이에요. 춥지도 덥지도 않으면서 날씨가 아주 좋아요. 볼 수 있는 경치도 가장 많을 때거든요.

장준성　그럼 현수 씨 말대로 가을에 베이징에 갈래요.

독해

베이징의 사계절

중국 대부분의 지방은 1년에 봄, 여름, 가을, 겨울 네 개의 계절이 있습니다. 베이징의 사계절은 각각 저마다의 특색이 있습니다. 베이징 사람들은 모두 봄을 좋아합니다. 추운 겨울을 지낸 사람들이 바깥에 나가 놀 수 있기 때문입니다. 그리고 각양각색의 꽃들이 피어나고 공기도 유달리 신선합니다. 다만 가끔 봄에 모래바람이 비교적 강하게 부는데, 이게 바로 봄에 사람들이 가장 싫어하는 것입니다. 베이징의 여름은 몹시 더울 뿐만 아니라 기간도 깁니다. 대부분 사람들은 바깥이 너무 덥고, 집에서 에어컨을 틀고 있으면 쾌적하기 때문에 외출하기 싫어합니다. 가을은 베이징에서 가장 아름다운 계절입니다. 샹산의 나뭇잎도 붉게 물들고 날씨도 아주 좋습니다. 춥지도 덥지도 않고 바람도 불지 않으며 비도 내리지 않습니다. 이 계절에 베이징으로 여행을 오는 사람들이 특히 많고, 베이징 사람들도 이때 나들이하는 것을 좋아합니다. 겨울은 비교적 추운 편이고, 때로는 밤의 최저기온이 영하 18~19도까지 내려가기도 합니다. 눈도 자주 내리지 않기 때문에 공기가 아주 건조합니다.

14 我周末一定去给你加油!

본문 1

김다정　샤오잉, 너 주말에 시간 있어?

린샤오잉　시간 있어. 무슨 일이야?

김다정　학교에서 수영 경기를 연다고 해서 내가 신청했어. 주말에 학교 수영장에서 경기하는데 너 와서 볼래?

린샤오잉　그래? 그럼 내가 주말에 꼭 가서 응원할게!

김다정　고마워! 토요일 저녁 7시야. 잊지 마.

린샤오잉　잊을 리가. 걱정하지 마. 참, 언니가 참가하는 건 어떤 종목의 시합이야?

김다정　100m 자유영이야.

린샤오잉　언니 빨라?

김다정　특별히 빠른 건 아니야. 그런데 그런 말이 있잖아. 참가에 의의가 있다고.

장준성 현수 씨, 축구 경기 보는 거 좋아해요?

이현수 저는 구기 종목 팬이라 당연히 좋아하죠.

장준성 그럼 내일 저녁 축구 경기 관람에 제가 현수 씨를 초대할게요. 어때요?

이현수 어느 두 팀의 경기죠?

장준성 중국 U−19팀 대 한국 U−19팀이에요. 친구가 제게 표 두 장을 줬거든요.

이현수 정말 잘됐네요. 오랫동안 경기장에 가서 경기를 관람하지 못했거든요.

장준성 그럼 좋아요. 우리 내일 퇴근 후에 직접 축구 구경 하러 갑시다.

이현수 좋아요. 밥은 제가 살게요. 식사 끝나고 바로 가요.

장준성 경기 보러 가는 걸 오늘 집에 가면 아내에게 꼭 말해야겠어요.

이현수 하하, 보아하니 결혼하지 않은 것도 좋은 점이 있네요. 저는 그런 번거로움이 없어요.

장준성 그런데 미혼은 또 미혼의 고민이 있잖아요.

독해

TV를 통한 여가 활동

요즘엔 텔레비전 프로그램이 점점 많아져서, 사람들은 각종 프로그램을 어떻게 선택해서 봐야 할지 어려워합니다. 많은 사람들이 스포츠 프로그램, 특히 축구 경기 보는 것을 좋아하는데, 축구 팬들이 점점 많아지고 있기 때문에 축구 프로그램도 점점 인기가 높아지는 추세입니다. 비록 중국 축구 팀의 성적이 별로 좋지 않지만, 그래도 많은 중국인이 중국의 축구를 응원합니다.

중국의 축구 팬들은 중국팀의 경기를 볼 수 있을 뿐만 아니라 동시에 다른 많은 나라의 축구 시합도 볼 수 있습니다. 또한 텔레비전을 통해서 이런 경기를 시청하는 것은 거의 무료와 마찬가지로 저렴합니다.

물론 축구 시합 외에 기타 여러 가지 스포츠 경기 또한 많은 사람들의 환영을 받고 있습니다. 예를 들면 중국인들이 가장 좋아하는 탁구나 국제적으로 비교적 인기 있는 야구, 테니스 등의 시합도 많은 시청자가 좋아합니다. 보는 것 외에도 젊은 사람들은 특히 여러 가지 스포츠 활동에 참여하는 것도 좋아해서, 저녁이나 주말에는 체육관, 운동장마다 운동하는 사람들로 가득합니다.

15 你能帮我一个忙吗?

본문 1

김다정 샤오잉, 너 나 좀 도와줄 수 있어?

린샤오잉 무슨 일인데? 내가 도울 수 있는 일이면 꼭 최선을 다할게.

김다정 실은 내가 지금 사는 기숙사가 두 사람이 한 방을 쓰고 있어서 좀 불편해. 호텔에서 지내려면 또 너무 비싸고.

린샤오잉 알았어. 언니 집을 빌리려고 하는 거지?

김다정 맞아! 너는 어떻게 집을 구하는지 알아?

린샤오잉 나는 집을 빌려 본 적이 없어서 잘 몰라. 근데 내 친구가 집을 임차한 적이 있거든. 내가 언니 대신 한번 걔한테 물어봐 줄게.

김다정 그럼 잘됐다. 고마워!

린샤오잉 별말씀. 언니 너무 조급해하지 마. 내가 오늘 저녁에 그 친구한테 전화해 볼게.

김다정 응. 네 연락 기다리고 있을게.

본문 2

이현수 박 비서님, 오후에 퇴근하고 저랑 상점에 좀 같이 가주실 수 있어요?

박영미 상점에 가서 뭘 하려고요?

이현수 실은 제가 주방용품을 좀 사려고 하는데, 경험이 없어서 어떤 물건들이 필요한지 몰라서요.

박영미 그건 쉬워요. 퇴근 후에 제가 같이 가 줄게요.

이현수 잘됐네요. 고맙습니다!

박영미 작은 일인걸요. 별말씀을요.

이현수 참, 대략 얼마 정도 돈이 필요할까요?

박영미 그건 현수 씨가 물건을 얼마나 사는지 봐야죠.

이현수 그런데 저도 도대체 뭐가 필요한지 모르겠어요. 돈이 부족할까 걱정이에요.

박영미 현수 씨 신용카드 없어요? 신용카드가 있으면 먼저 쓰고, 나중에 지불할 수 있잖아요.

이현수 저는 신용카드가 없고, 직불카드만 한 장 있어요.

독해

지불 방식의 변화

상점에 가서 물건을 살 때, 이미 과거처럼 그렇게 현금을 많이 가지고 갈 필요가 없어졌습니다. 많은 사람들이 다들 다양한 은행 카드를 가지고 있기 때문이죠. 이런 카드들은 대부분 상점에서 직접 사용할 수 있습니다. '카드 긁기'는 도시 사람들이 즐겨 쓰는 지불 방식이 되었습니다. 카드를 사용하면 안전하고 편리하며, 또 가불할 수 있는 카드도 많아서 사람들이 더욱 편리함을 느끼게 합니다.

그러나 요즘 중국에는 카드보다 더욱 편리한 결제 방식이 생겼습니다. 그건 바로 모바일 결제입니다. 요즘 모바일 결제는 대다수 사람들이 소비할 때 가장 먼저 선택하는 지불 방식이 되었습니다. 전통적인 지불 방식과 비교해서 말하자면, 모바일 결제는 더욱 편리하고 빠르며, 사람들이 외출할 때 더이상 주머니나 지갑에 현금이나 카드 같은 것을 넣어 다닐 필요가 없습니다. 단지 휴대전화 하나에 의지해서 바로 순조롭게 일련의 '매매'가 가능해졌습니다.

16 复习2

본문

저는 네 명의 친구가 있습니다. 그들은 주말에 무엇을 할까요?

우선 린샤오잉과 김다정을 소개합니다. 두 사람은 같은 반 친구입니다. 린샤오잉의 주말은 매우 바쁩니다. 그녀는 친구와 나가서 놀 때도 있고, 쇼핑할 때도 있지만 대부분은 집에서 이런저런 일을 합니다. 빨래를 하기도 하고, 다음 주에 필요한 것을 준비하기도 합니다. 그녀는 한 주에 주말이 3일이면 좋겠다고 종종 말하곤 합니다.

김다정은 린샤오잉과 다릅니다. 그녀는 공부하는 것이 가장 중요한 일이라고 생각합니다. 매주 주말이 되면 그녀는 지난 한 주 동안 배운 것을 한 번 복습합니다. 그리고 다음 주에 배울 것을 열심히 예습합니다. 그녀는 열심히 공부합니다. 그러니 성적이 그렇게 좋겠죠. 하지만 이번 주말에는 아마 공부할 시간이 없을 것입니다. 왜냐하면 그녀는 방을 구했고 이사를 해야 하기 때문입니다. 그녀가 구한 방은 학교에서 매우 가깝습니다. 걸어서 대략 10분이면 바로 학교에 도착합니다.

다음으로 장준성과 이현수를 소개하겠습니다. 두 사람은 회사의 영업부에서 일하고 있습니다. 이번 주 금요일 퇴근하기 전에 장준성이 이현수에게 사장님께서 이들의 하반기 영업 계획에 대해 만족하지 않으며, 또한 이들에게 다음 주 월요일에 출근해서 새로운 계획서를 제출할 것을 요구했다고 전했습니다. 이렇게 된다면 주말에 추가 근무를 하지 않으면

안 되게 되었습니다. 이현수는 매주 토요일에는 항상 등산을 하는데, 보아하니 이번에도 등산을 못 할 것 같습니다. 장준성은 일찍이 몇 번이나 아이와 동물원에 가자고 약속했는데, 매번 추가 근무를 하거나 다른 급한 일이 생겨서 가지 못했습니다. 이번에 그는 이미 이번 주 토요일에 가자고 아이에게 약속했는데, 보아하니 또 못 갈 것 같습니다. 그는 아이에게 또다시 '다음 주에 가자'라는 그 말을 꺼내기가 정말 미안합니다.

독해

주말 시간

주말은 원래 당연히 쉬는 시간입니다. 그러나 요즘 사람들은 업무가 점점 바빠져서 평일에는 업무에만 매달려 있다 보니 개인적인 일은 할 시간이 없습니다. 그래서 어쩔 수 없이 주말로 미루어서 하게 되는데, 이러면 주말이 평일보다 더 바쁠 때도 있습니다. 특히 결혼하고 가정과 아이가 생긴 후에 많은 가정에서는 부부가 모두 출근하기 때문에 집안일은 주말에 할 수밖에 없습니다. 토요일 아침에 먼저 한 주 간의 세탁물을 모두 빨고, 그런 다음 방을 청소하고, 장을 보고, 아이들을 데리고 놀아주거나 공부합니다. 일요일에는 친구들에게 전화를 건다거나, 가끔 친구들과 모임을 하기도 하며, 다음 주 업무에 필요한 자료들을 준비합니다. 모든 일이 끝나면 주말도 지나갔음을 알게 됩니다. 월요일 아침에 또 일찍 일어나 출근해야 하므로 일요일 저녁은 일찍 자야 합니다. 이렇게 주말은 다 지나가 버리고, 자신이 텔레비전이나 영화를 볼 시간조차도 없었음을 발견합니다. 심지어는 저도 모르는 사이에 주말이 지나가 버리기도 합니다. 그래서 요즘 많은 사람들은 미리 계획을 잘 세워놓고, 주말에 교외나 공원에 가서 놀 수 있기를 바랍니다. 그러나 대부분의 경우, 계획이 (현실의) 변화를 좇아가지 못하므로 계획대로 이루어지는 경우는 그다지 많지 않습니다.

说 말하기 听 듣기 念 읽기 写 쓰기 정복!

新步步高

중국어 중급

WORK BOOK

程相文 · 김준헌 저

步步高는
'사다리'를 가리키는 중국어로
한 걸음 한 걸음 올라간다는 뜻입니다.

 시사중국어사

新
步 보
步 보
高 고

중국어 중급

WORKBOOK

🎓 시사중국어사

차 례

听 Listening

1 녹음을 듣고 질문에 대한 답을 고르세요. 🎧 01-01

(1) ① 日本　　　　　　　　② 韩国

(2) ① 国际贸易公司　　　　② 国内贸易公司

(3) ① 美国　　　　　　　　② 中国

(4) ① 李贤秀长得很帅　　　② 李贤秀的汉语很好

(5) ① 张　　　　　　　　　② 金

念 Reading

1 다음 문장을 읽어 보세요. 🎧 01-02

(1) 我没来过这儿，对这儿的情况不熟悉。

(2) 这样做太麻烦了，我有个简单的办法。

(3) 我有很多这样的笔，你要用，就尽管拿吧。

(4) 现在的主要问题是没有时间。

(5) 今年我们公司一共录用了十个大学生。

(6) 工作的时候只有书上的知识是不够的。

(7) 这个公司很大，是一家国际公司。

1 한자를 병음으로 써 보세요.

(1) 熟 [　　　　　]   (2) 况 [　　　　　]

(3) 添 [　　　　　]   (4) 贸 [　　　　　]

(5) 额 [　　　　　]   (6) 录 [　　　　　]

(7) 缺 [　　　　　]   (8) 亚 [　　　　　]

2 병음을 한자로 써 보세요.

(1) duìxiàng [　　　　　]   (2) jǐnguǎn [　　　　　]

(3) jīnglǐ [　　　　　]   (4) qítā [　　　　　]

3 병음으로 된 문장을 중국어 문장으로 바꾸어 보세요.

(1) Yǐhòu qǐng dàjiā duō zhǐjiào.

➡

(2) Yídìng huì yǒu hěn duō dōngxi yào xiàng Zhāng jīnglǐ qǐng jiào.

➡

(3) Huānyíng jiārù wǒmen gōngsī.

➡

(4) Xiànzài gēn Zhōngguó de màoyì é shì zuì dà de.

➡

4 문맥에 맞게 보기에서 적절한 단어를 골라서 빈칸을 채우세요.

> 보기　　　尽管　　　向　　　以后　　　因为　　　给

(1) [　　　　　　] 你添麻烦了。

(2) 有什么问题你 [　　　　　　] 跟我说。

(3) 他们录用我，是 [　　　　　　] 我的汉语比较好。

(4) 在学习上，你可以多 [　　　　　　] 同学请教。

(5) [　　　　　　] 我们要互相帮助，共同努力。

5 문장의 틀린 부분을 바르게 고쳐 보세요.

(1) 我给大家来介绍一下儿。

　→ _____

(2) 美英来中国学习因为她对中国历史很感兴趣。

　→ _____

(3) 我有很多问题要您请教。

　→ _____

(4) 他们就要我们公司工作了。

　→ _____

(5) 我看过还很多中国电影。

　→ _____

02 과

听 Listening

1 녹음을 듣고 질문에 대한 답을 고르세요. 🎧 02-01

(1) ① 很小　　　　　　　　② 很大

(2) ① 离窗户很远的地方　　② 就在窗户旁边

(3) ① 朴代理　　　　　　　② 申代理

(4) ① 休息室　　　　　　　② 楼梯拐角处的房间里

(5) ① 介绍办公环境　　　　② 介绍同事

念 Reading

1 다음 문장을 읽어 보세요. 🎧 02-02

(1) 我们经理在里边儿，您请进吧。

(2) 他很喜欢开玩笑，是个很幽默的人。

(3) 昨天我去超市买了一些生活用品。

(4) 麻烦你，这些资料要复印三份。

(5) 经理，请您在这儿签字。

(6) 这个工作是谁负责的?

(7) 他只是不太喜欢说话，其实，他很聪明。

1 한자를 병음으로 써 보세요.

(1) 秘　[　　　　]　　(2) 卫　[　　　　]

(3) 抽　[　　　　]　　(4) 印　[　　　　]

(5) 烟　[　　　　]　　(6) 梯　[　　　　]

(7) 签　[　　　　]　　(8) 环　[　　　　]

2 병음을 한자로 써 보세요.

(1) yōumò　[　　　　]　　(2) tiáozi　[　　　　]

(3) zhuānmén　[　　　　]　　(4) guǎijiǎo　[　　　　]

3 병음으로 된 문장을 중국어 문장으로 바꾸어 보세요.

(1) Rúguǒ jìcuò le, kě jiù máfan le!

→

(2) Qǐng nín gēn wǒ lái ba.

→

(3) Zhǐyào qiān ge zì jiù kěyǐ le.

→

(4) Zhè shì wǒ de gōngzuò.

→

4 문맥에 맞게 보기에서 적절한 단어를 골라서 빈칸을 채우세요.

> **보기**　　只要　　　如果　　　根本　　　专门　　　管理

(1) 我 [＿＿＿＿] 没学过日语，怎么会说呢?

(2) 我是 [＿＿＿＿] 来向你道歉的，上次真对不起。

(3) 这家公司现在 [＿＿＿＿] 得很好，每年都赚很多钱。

(4) 明天不能去上班，你 [＿＿＿＿] 告诉张经理就可以了。

(5) [＿＿＿＿] 你抽烟的话，可以到那儿去。

5 문장의 틀린 부분을 바르게 고쳐 보세요.

(1) 今天晚上你去看电影或者去看京剧?

　→ ＿＿＿＿＿＿＿＿＿＿＿＿＿＿＿＿＿＿＿＿＿＿＿

(2) 你只有签字就可以了。

　→ ＿＿＿＿＿＿＿＿＿＿＿＿＿＿＿＿＿＿＿＿＿＿＿

(3) 在这儿出去，走到头儿就是卫生间。

　→ ＿＿＿＿＿＿＿＿＿＿＿＿＿＿＿＿＿＿＿＿＿＿＿

(4) 如果记对了，可就麻烦了!

　→ ＿＿＿＿＿＿＿＿＿＿＿＿＿＿＿＿＿＿＿＿＿＿＿

(5) 请您和我来吧。

　→ ＿＿＿＿＿＿＿＿＿＿＿＿＿＿＿＿＿＿＿＿＿＿＿

03 과

听 Listening

1 녹음을 듣고 질문에 대한 답을 고르세요. 🎧 03-01

(1) ① 钥匙　　　　　　　　　② 大门

(2) ① 新的知识　　　　　　　② 好朋友

(3) ① 多去旅游　　　　　　　② 掌握一门外语

(4) ① 有　　　　　　　　　　② 没有

(5) ① 向老师问学习外语的捷径　② 平时多练习

念 Reading

1 다음 문장을 읽어 보세요. 🎧 03-02

(1) 您过奖了，我汉语说得没有那么好。

(2) 这个词我没学过，你知道它的意思吗?

(3) 你了解这个人吗?

(4) 想不到你的外语这么流利。

(5) 他学习很好，老师常常夸奖他。

(6) 他总是说自己汉语水平不高，是个很谦虚的人。

(7) 小孩子都有很强的好奇心。

1 한자를 병음으로 써 보세요.

(1) 夸   _____   (2) 区   _____

(3) 捷   _____   (4) 径   _____

(5) 仿   _____   (6) 谦   _____

(7) 程   _____   (8) 速   _____

2 병음을 한자로 써 보세요.

(1) qūbié   _____   (2) liǎojiě   _____

(3) qiānxū   _____   (4) jiéjìng   _____

3 병음으로 된 문장을 중국어 문장으로 바꾸어 보세요.

(1) Nǐ de Hànyǔ yuèláiyuè liúlì le.

→ _____

(2) Nín guòjiǎng le.

→ _____

(3) Hànyǔ de fāyīn bìng búshì tèbié nán.

→ _____

(4) Xíguàn le jiù bù nán le.

→ _____

4 문맥에 맞게 보기에서 적절한 단어를 골라서 빈칸을 채우세요.

> 보기　　　夸奖　　　不仅　　　对　　　发现　　　关于

(1) [　　　　　] 韩国人来说，汉语的发音并不是特别难。

(2) 我想问问您 [　　　　　] 学习汉语的情况。

(3) 谢谢你的 [　　　　　] 。

(4) 这个办法 [　　　　　] 对你有帮助，对我们也一样有帮助。

(5) 我学了汉语以后，[　　　　　] 没有大家说的那么难。

5 문장의 틀린 부분을 바르게 고쳐 보세요.

(1) 我觉得还自己差得远呢。

→ ＿＿＿＿＿＿＿＿＿＿＿＿＿＿＿＿＿＿＿＿＿＿＿＿＿

(2) 学习的词汇多了，才知道这些发音的区别了。

→ ＿＿＿＿＿＿＿＿＿＿＿＿＿＿＿＿＿＿＿＿＿＿＿＿＿

(3) 我关于汉语有一些了解。

→ ＿＿＿＿＿＿＿＿＿＿＿＿＿＿＿＿＿＿＿＿＿＿＿＿＿

(4) 韩语很难，特别韩语的发音。

→ ＿＿＿＿＿＿＿＿＿＿＿＿＿＿＿＿＿＿＿＿＿＿＿＿＿

(5) 他不仅是我的朋友，也你的朋友。

→ ＿＿＿＿＿＿＿＿＿＿＿＿＿＿＿＿＿＿＿＿＿＿＿＿＿

听 Listening

1 녹음을 듣고 질문에 대한 답을 고르세요. 🎧 04-01

(1) ① 生活习惯　　　　　　② 起床时间

(2) ① 非常重视　　　　　　② 无所谓

(3) ① 着急的人　　　　　　② 生活有条理的人

(4) ① 会　　　　　　　　② 不会

(5) ① 好运气和坏运气的差别　② 处事态度

念 Reading

1 다음 문장을 읽어 보세요. 🎧 04-02

(1) 你总是这么丢三落四的话，就糟了。

(2) 妈妈病了，脸色不太好。

(3) 迟到不好，会影响别人。

(4) 明天我跟一个客户一起吃饭。

(5) 咱们赶快，别迟到了。

(6) 他运气真好，找到了一个好工作。

(7) 他是个有条理的人，桌子总是很整齐。

1 한자를 병음으로 써 보세요.

(1) 脸 _____ (2) 幸 _____

(3) 户 _____ (4) 赶 _____

(5) 响 _____ (6) 料 _____

(7) 丢 _____ (8) 亏 _____

2 병음을 한자로 써 보세요.

(1) tàidù _____ (2) máobìng _____

(3) duìdài _____ (4) diūsān làsì _____

3 병음으로 된 문장을 중국어 문장으로 바꾸어 보세요.

(1) Zhèxiē dōu gēn yùnqi méi shénme guānxi.

→ _____

(2) Zuótiān gēnběn jiù méi rén láiguo wǒ de sùshè.

→ _____

(3) Wǒ píngshí jiù yǒu ge diūsān làsì de máobìng.

→ _____

(4) Jiějué le jiù méi wèntí le.

→ _____

4 문맥에 맞게 보기에서 적절한 단어를 골라서 빈칸을 채우세요.

보기　　　　陪　　透　　被　　给　　跟

(1) 我今天倒霉 ⬚ 了。

(2) 公司交 ⬚ 我一个翻译材料了。

(3) 我的钱包 ⬚ 人偷走了。

(4) 是不是谁 ⬚ 你开玩笑，拿走了。

(5) 你可以 ⬚ 我一起找找吗?

5 문장의 틀린 부분을 바르게 고쳐 보세요.

(1) 肚子有点儿疼，有什么。

　→

(2) 老师说得太快了，我怎么听不懂。

　→

(3) 不管他去，反正我不去。

　→

(4) 他能参不参加我的生日晚会?

　→

(5) 公司给我交一个翻译材料。

　→

05 과

听 Listening

1 녹음을 듣고 질문에 대한 답을 고르세요. 🎧 05-01

(1) ① 为了到外地工作　　　　② 为了去过春节

(2) ① 学习上的问题　　　　　② 交通上的问题

(3) ① 坐火车　　　　　　　　② 坐飞机

(4) ① 比飞机便宜　　　　　　② 比汽车便宜

(5) ① 一样　　　　　　　　　② 不一样

念 Reading

1 다음 문장을 읽어 보세요. 🎧 05-02

(1) 哪个航空公司的服务最好?

(2) 出去旅行要注意安全。

(3) 你知道长沙这个城市吗?

(4) 火车几点发车?

(5) 我们已经到达北京了。

(6) 我想买一张硬卧票。

(7) 我要去图书馆查资料。

1 한자를 병음으로 써 보세요.

(1) 铺 _____   (2) 硬 _____

(3) 暑 _____   (4) 寒 _____

(5) 航 _____   (6) 资 _____

(7) 择 _____   (8) 卧 _____

2 병음을 한자로 써 보세요.

(1) Chūn Jié _____   (2) dōngfāng _____

(3) shíkèbiǎo _____   (4) jiāotōng _____

3 병음으로 된 문장을 중국어 문장으로 바꾸어 보세요.

(1) Wǒ xiǎng mǎi yì zhāng xīngqīsì wǎnshang dào Chángshā de piào.

→ _____

(2) Chū mén lǚxíng de rén yuèláiyuè duō le.

→ _____

(3) Nín yào dìng nǎ tiān de jīpiào?

→ _____

(4) Méi guānxi, wǒ jiù mǎi zhè ge ba.

→ _____

4 문맥에 맞게 보기에서 적절한 단어를 골라서 빈칸을 채우세요.

> 보기   过去   跟   趟   从   不过

(1) 这一 [   ] 车是到广州的。

(2) 一会儿我把他们的资料给你发电子邮件 [   ] 。

(3) 我以前学过汉语，[   ] 现在都忘了。

(4) 他说 [   ] 明天起去公园锻炼身体。

(5) 这座楼 [   ] 那座楼一样高。

5 문장의 틀린 부분을 바르게 고쳐 보세요.

(1) 信昨天已经给他寄出了。

　→ ～～～～～～～～～～～～～～～～～～～～～～～～～～～～

(2) 你能告诉我你的电话号码是多少?

　→ ～～～～～～～～～～～～～～～～～～～～～～～～～～～～

(3) 我去跑步从明天起。

　→ ～～～～～～～～～～～～～～～～～～～～～～～～～～～～

(4) 有急事，他会才选择坐飞机。

　→ ～～～～～～～～～～～～～～～～～～～～～～～～～～～～

(5) 跟以前比较，现在越来越多人喜欢出门旅行了。

　→ ～～～～～～～～～～～～～～～～～～～～～～～～～～～～

听 Listening

1 녹음을 듣고 질문에 대한 답을 고르세요. 🎧 06-01

(1) ① 金钱关系   ② 人和人的关系

(2) ① 人际关系好   ② 容易感到寂寞

(3) ① 表示朋友多   ② 表示很有钱

(4) ① 一样   ② 不一样了

(5) ① 因为生活忙，没时间和朋友在一起了   ② 因为现在的人不喜欢交朋友

念 Reading

1 다음 문장을 읽어 보세요. 🎧 06-02

(1) 你大学毕业几年了?

(2) 因为医生这个行业很受欢迎，所以很多人都要考医科大学。

(3) 只听别人说，还是不明白，你应该亲自去看看。

(4) 他现在没有工作，他辞职了。

(5) 上个星期我们同学聚会了。

(6) 他是我的上级。

(7) 金钱不是最重要的。

1 한자를 병음으로 써 보세요.

(1) 嗨 ⬚ (2) 寂 ⬚

(3) 聚 ⬚ (4) 务 ⬚

(5) 呆 ⬚ (6) 读 ⬚

(7) 科 ⬚ (8) 毕 ⬚

2 병음을 한자로 써 보세요.

(1) xuélì ⬚ (2) rénjì ⬚

(3) jìmò ⬚ (4) xiàshǔ ⬚

3 병음으로 된 문장을 중국어 문장으로 바꾸어 보세요.

(1) Wǒ xiǎng qīnzì tǐyàn hé liǎojiě yíxià.

   →

(2) Wǒmen yǒu wǔ liù nián méi jiàn miàn le ba?

   →

(3) Dàjiā gāozhōng bì yè yǐhòu jiàn miàn de jīhuì jiù bù duō le.

   →

(4) Nǐ zhèxiē nián guò de hǎo ma?

   →

4 문맥에 맞게 보기에서 적절한 단어를 골라서 빈칸을 채우세요.

> 보기   次   对   先   上   才

(1) 我问了很多人，[＿＿＿]知道他的电话号码。

(2) 我姐姐也[＿＿＿]中国文化感兴趣。

(3) 我们大学同学聚会了一[＿＿＿]。

(4) 毕业以后，他[＿＿＿]在贸易公司上了几年班，后来才去中国留学的。

(5) 他弟弟终于考[＿＿＿]大学了。

5 문장의 틀린 부분을 바르게 고쳐 보세요.

(1) 他还没有毕业大学。

→

(2) 我和高中同学有三四年没见面过了。

→

(3) 我的美国朋友很感兴趣中药。

→

(4) 现在他和家人一起在。

→

(5) 周末他一个人喜欢呆在家里。

→

听 Listening

1 녹음을 듣고 질문에 대한 답을 고르세요. 🎧 07-01

(1) ① 吃的 　　　　　　　② 穿的

(2) ① 因为想告诉对方自己很有钱 　② 觉得一起吃了饭，事情就更好办

(3) ① 尽可能一起吃 　　　　② 不能一起吃

(4) ① 继续让他请客 　　　　② 找机会回请他

(5) ① 吃饭 　　　　　　　② 看电影

念 Reading

1 다음 문장을 읽어 보세요. 🎧 07-02

(1) 他穿衣服总是很讲究。

(2) 很多古话都很有道理。

(3) 他想得特别周到，我们都很满意。

(4) 上海的公司是我们的分公司，总公司在北京。

(5) 你们都别生气了，我看双方都有不对的地方。

(6) 在商业社会里，很多东西都跟钱有关。

(7) 我来公司工作时间不长，不过大家都很关照我。

1 한자를 병음으로 써 보세요.

(1) 餐 [　　　　] (2) 沟 [　　　　]

(3) 古 [　　　　] (4) 店 [　　　　]

(5) 伙 [　　　　] (6) 伴 [　　　　]

(7) 适 [　　　　] (8) 宴 [　　　　]

2 병음을 한자로 써 보세요.

(1) yànqǐng [　　　　] (2) gōngzuòcān [　　　　]

(3) fēngōngsī [　　　　] (4) gǎnqíng [　　　　]

3 병음으로 된 문장을 중국어 문장으로 바꾸어 보세요.

(1) Wǒmen jīnglǐ ràng wǒ lái jiē nǐmen.

→

(2) Nǐmen lùshang xīnkǔ le.

→

(3) Nǐmen xiǎng de hěn zhōudào.

→

(4) Wǒmen yǐhòu hùxiāng bāngzhù ba.

→

4 문맥에 맞게 보기에서 적절한 단어를 골라서 빈칸을 채우세요.

> 보기   接   地   以后   句   为

(1) 我们是多年的老同学了，见面 [   ] 很热情。

(2) 我们要以客户的要求 [   ] 标准。

(3) 能更好 [   ] 跟外国人沟通是我们学习外语的主要目的。

(4) "民以食为天"是中国的一 [   ] 古话。

(5) 他刚刚 [   ] 了好几个电话，但都不是找他的。

5 문장의 틀린 부분을 바르게 고쳐 보세요.

(1) 他们有几年没有见面。

   →

(2) 请你们和我来。

   →

(3) 妈妈让我不吃。

   →

(4) 他做生意得没有那么顺利。

   →

(5) 一起吃饭使双方的感情可以更好。

   →

08 과

听 Listening

1 녹음을 듣고 질문에 대한 답을 고르세요. 🎧 08-01

(1) ① 去舞厅跳舞　　　　　② 去饭馆吃饭

(2) ① 因为周末也要上班　　② 因为平时工作学习很累

(3) ① 爬山　　　　　　　　② 看电视

(4) ① 可以与人交往　　　　② 可以锻炼身体

(5) ① 娱乐方式　　　　　　② 户外活动

念 Reading

1 다음 문장을 읽어 보세요. 🎧 08-02

(1) 今天时间不多了，再说，天气也不好。

(2) 我周末常常去酒吧，因为我很喜欢喝啤酒。

(3) 这种风格的衣服你喜欢吗？

(4) 我喜欢钓鱼，但其实我不喜欢吃鱼。

(5) 周末我们去舞厅跳舞怎么样？

(6) 天气太冷，因此我们都不想出去。

(7) 这个餐厅很有特色。

1 한자를 병음으로 써 보세요.

(1) 爬 _____   (2) 钓 _____

(3) 牌 _____   (4) 郊 _____

(5) 娱 _____   (6) 格 _____

(7) 谈 _____   (8) 野 _____

2 병음을 한자로 써 보세요.

(1) fēnggé _____   (2) jiǔbā _____

(3) yěyíng _____   (4) wǔtīng _____

3 병음으로 된 문장을 중국어 문장으로 바꾸어 보세요.

(1) Wǒmen bùjǐn chī le yǒu tèsè de cài, érqiě hē le hěn hǎo de jiǔ.

→ _____

(2) Rúguǒ yǒu shíjiān kěyǐ yìqǐ qù chàng gē.

→ _____

(3) Tāmen sān ge rén yìbiān hē jiǔ, yìbiān liáo tiān.

→ _____

(4) Zài zhèli chī fàn de rén hěn duō.

→ _____

4 문맥에 맞게 보기에서 적절한 단어를 골라서 빈칸을 채우세요.

> 보기　　由于　　的　　谈不上　　特色　　使

(1) 我从小就学习唱歌，也 ［　　　　　］ 喜欢。

(2) ［　　　　　］ 最近太累了，因此他今天起床晚了。

(3) 今天我请客，别点这些每天都吃的菜，点些有 ［　　　　　］ 的菜吧。

(4) 户外活动可以 ［　　　　　］ 人放松。

(5) 昨天我去了一家很有风格 ［　　　　　］ 剧场。

5 문장의 틀린 부분을 바르게 고쳐 보세요.

(1) 他又走路又吃零食的习惯很不好。

　→

(2) 明天他们快要回国了。

　→

(3) 他高兴的说："非常好，非常好！"

　→

(4) 你妈妈做的菜越吃更好吃。

　→

(5) 他不爱喝酒，常不去酒吧。

　→

09 과

1 녹음을 듣고 질문에 대한 답을 고르세요. 🎧 09-01

(1) ① 商品的号码不全　　　② 商品很受欢迎

(2) ① 赠送购物券　　　　　② 买一送一

(3) ① 很便宜　　　　　　　② 很贵

(4) ① 换成奖品　　　　　　② 买东西

(5) ① 货真价实　　　　　　② 赠送礼物

念 Reading

1 다음 문장을 읽어 보세요. 🎧 09-02

(1) 我想买一件大衣。

(2) 你猜他今年多大年纪了?

(3) 你买去年的款式就能便宜一点儿。

(4) 这种酒不好喝,只是包装好看。

(5) 我们的老师是一个汉语语法研究会的会员。

(6) 这是特价商品,不能退换。

(7) 你能帮我保存几天这个书包吗?

1 한자를 병음으로 써 보세요.

(1) 华 _____ (2) 款 _____

(3) 吸 _____ (4) 引 _____

(5) 购 _____ (6) 返 _____

(7) 奖 _____ (8) 货 _____

2 병음을 한자로 써 보세요.

(1) niánjì _____ (2) bāozhuāng _____

(3) jiǎngpǐn _____ (4) kuǎnshì _____

3 병음으로 된 문장을 중국어 문장으로 바꾸어 보세요.

(1) Wǒ xiǎng gěi māma mǎi yí jiàn dàyī.

→ _____

(2) Wǒ māma de gèzi gēn nǐ chàbuduō.

→ _____

(3) Wǒmen zhōumò dǎ bā zhé.

→ _____

(4) Nà jiù méiyǒu bànfǎ le.

→ _____

4 문맥에 맞게 보기에서 적절한 단어를 골라서 빈칸을 채우세요.

> 보기　　吸引　　款式　　奖品　　年纪　　艳

(1) 请问，您今年多大 ⬚ ？

(2) 这是今年的新 ⬚ 。

(3) 这次考试成绩好的话，老师说发 ⬚ 给我们。

(4) 那件大衣太 ⬚ 了，我穿不合适。

(5) 最能 ⬚ 我的是商品的质量。

5 문장의 틀린 부분을 바르게 고쳐 보세요.

(1) 这件大衣你穿挺很不错的。

　➡

(2) 只能多听多说多练习，大家都会说好汉语的。

　➡

(3) 这款式的原价1800块，现在打二折才1440块。

　➡

(4) 他想了很长时间，终于想了一个好办法。

　➡

(5) 对我说，没有比打折更吸引我的。

　➡

听 Listening

1 녹음을 듣고 질문에 대한 답을 고르세요. 🎧 10-01

(1) ① 身体健康才是最重要的　　② 什么都有就是没有病

(2) ① 别人的学习　　② 自己的工作

(3) ① 会给家人添麻烦　　② 不能和朋友见面了

(4) ① 工作压力太大了　　② 吃得太多

(5) ① 吃绿色食品　　② 锻炼身体

念 Reading

1 다음 문장을 읽어 보세요. 🎧 10-02

(1) 我昨天有点儿受凉，今天早上起来觉得很不舒服。

(2) 吃东西以前，一定要把东西洗干净。

(3) 这些都是中国人常吃的食品。

(4) 现在还在看书，太耽误时间了。

(5) 你决定什么时候去中国旅行了吗?

(6) 他嗓子很好，所以唱歌很好听。

(7) 看完那个电影，我有很多体会。

1 한자를 병음으로 써 보세요.

(1) 药 [　　　　　]   (2) 命 [　　　　　]

(3) 嗓 [　　　　　]   (4) 困 [　　　　　]

(5) 净 [　　　　　]   (6) 厕 [　　　　　]

(7) 旦 [　　　　　]   (8) 绿 [　　　　　]

2 병음을 한자로 써 보세요.

(1) yàomìng [　　　　　]   (2) díquè [　　　　　]

(3) sǎngzi [　　　　　]   (4) shòu liáng [　　　　　]

3 병음으로 된 문장을 중국어 문장으로 바꾸어 보세요.

(1) Zuìjìn wǒ bǐjiào lèi.

→ ~~~~~~

(2) Yǒu shénme bié yǒu bìng.

→ ~~~~~~

(3) Nǎ yǒu shíjiān a?

→ ~~~~~~

(4) Zuótiān yǒudiǎnr shòu liáng le.

→ ~~~~~~

4 문맥에 맞게 보기에서 적절한 단어를 골라서 빈칸을 채우세요.

보기　　哪　　却　　都　　累　　生病

(1) ⬚　　了，就得好好休息，按时吃药。

(2) 最近工作太 ⬚ 了，身体不太好。

(3) 他学习汉语的时间不长，⬚ 能说出很流利的汉语。

(4) 身体健康比什么 ⬚ 重要。

(5) 他 ⬚ 学过汉语啊！

5 문장의 틀린 부분을 바르게 고쳐 보세요.

(1) 其实，他根本学过汉语。

　→ 〰〰〰〰〰〰〰〰〰〰〰〰〰〰〰〰〰〰〰〰〰

(2) 你感冒了，不要千万出去。

　→ 〰〰〰〰〰〰〰〰〰〰〰〰〰〰〰〰〰〰〰〰〰

(3) 昨天没睡好，现在困得很要命。

　→ 〰〰〰〰〰〰〰〰〰〰〰〰〰〰〰〰〰〰〰〰〰

(4) 周末在家呢，太无聊了；出去玩儿呢，太麻烦了。

　→ 〰〰〰〰〰〰〰〰〰〰〰〰〰〰〰〰〰〰〰〰〰

(5) 他学习不好，却没有考上大学。

　→ 〰〰〰〰〰〰〰〰〰〰〰〰〰〰〰〰〰〰〰〰〰

11 과

听 Listening

1 녹음을 듣고 질문에 대한 답을 고르세요. 🎧 11-01

(1) ① 中国骑车的人很多　　　② 中国从国外输入大量的自行车

(2) ① 出租车　　　　　　　　② 自行车

(3) ① 很方便　　　　　　　　② 很不方便

(4) ① 因为大城市经常堵车　　② 因为家里已经有自行车了

(5) ① 自行车比公共汽车快　　② 上班的路上顺便还可以锻炼身体

念 Reading

1 다음 문장을 읽어 보세요. 🎧 11-02

(1) 妻子身体不好，他常常担心她。

(2) 吃完饭就看电视是一个坏习惯。

(3) 现在大部分人都喜欢住在城市里。

(4) 每天早上坐公交车都很挤。

(5) 他每年都要离开城市，到乡村住几天，因为他觉得那里空气好。

(6) 我写汉字很慢，两个小时才写了100个。

(7) 如果大家都坐公交车上班，就没有那么多交通问题了。

1 한자를 병음으로 써 보세요.

(1) 拧 ☐ (2) 松 ☐

(3) 担 ☐ (4) 挤 ☐

(5) 停 ☐ (6) 城 ☐

(7) 螺 ☐ (8) 挥 ☐

2 병음을 한자로 써 보세요.

(1) xiāngcūn ☐ (2) kuāzhāng ☐

(3) gōngjiāochē ☐ (4) jīhū ☐

3 병음으로 된 문장을 중국어 문장으로 바꾸어 보세요.

(1) Wǒ gāngcái kànjiàn nǐ le.

　→ _____

(2) Zánmen gōngsī lí nǐ jiā yě bú tài yuǎn.

　→ _____

(3) Wǒ dān xīn qí chē shàng bān tài lèi, yǐngxiǎng gōngzuò.

　→ _____

(4) Rúguǒ hǎo de huà, yǐhòu jiù bù kāi chē le.

　→ _____

4 문맥에 맞게 보기에서 적절한 단어를 골라서 빈칸을 채우세요.

> 보기　　　夸张　　　停　　　习惯　　　稍　　　担心

(1) 请您 [　　　　　] 等一下，经理马上就来。

(2) 你看，雨 [　　　　　] 了。

(3) 别 [　　　　　]，他一定能解决这个问题。

(4) 他那个人很 [　　　　　]，不能完全相信。

(5) 张先生有一个 [　　　　　]，就是每个星期都要游泳。

5 문장의 틀린 부분을 바르게 고쳐 보세요.

(1) 找地方停车不容易，我现在几乎开车出去。

　→

(2) 回家晚稍一点儿就没有吃的了。

　→

(3) 快要上课啦了!

　→

(4) 他的汉语很好，我还觉得他是中国人呢。

　→

(5) 我家从学校不远，我每天走路上学。

　→

12 과

听 Listening

1 녹음을 듣고 질문에 대한 답을 고르세요. 🎧 12-01

(1) ① 中国茶馆儿　　　　② 中国饭馆儿

(2) ① 菜的价格　　　　　② 菜的颜色

(3) ① 因为很好吃　　　　② 因为很便宜

(4) ① 有几千年了　　　　② 有几百年了

(5) ① 太油腻了　　　　　② 太有营养了

念 Reading

1 다음 문장을 읽어 보세요. 🎧 12-02

(1) 昨天是我的生日，我的朋友给我点了一首歌，祝我生日快乐。

(2) 多吃清淡的菜，对身体有好处。

(3) 西湖是个美丽的地方，你应该去看看。

(4) 中国人喜欢吃炒菜，但也有人用别的方法做。

(5) 夏天我常常喝冰水。

(6) 菊花一般在秋天开。

(7) 中国的长城闻名世界。

1 한자를 병음으로 써 보세요.

(1) 锅 _____

(2) 营 _____

(3) 饿 _____

(4) 香 _____

(5) 羹 _____

(6) 尝 _____

(7) 冰 _____

(8) 腻 _____

2 병음을 한자로 써 보세요.

(1) làròu _____

(2) qīngdàn _____

(3) júhuā _____

(4) qīngjiāo _____

3 병음으로 된 문장을 중국어 문장으로 바꾸어 보세요.

(1) Wǒ chī shénme dōu xíng.

→ _____

(2) Wǒ zuì pà yóunì.

→ _____

(3) Zánmen qù chángchang zěnmeyàng?

→ _____

(4) Nǐ shuō de wǒ dōu è le.

→ _____

4 문맥에 맞게 보기에서 적절한 단어를 골라서 빈칸을 채우세요.

> 보기   做   怕   都   经过   其中

(1) 每个人 [____] 应该学习一点儿科学知识。

(2) 他在饭店 [____] 厨师。

(3) 中国有八大菜系，川菜就是 [____] 的一个。

(4) [____] 不断地努力，他考上了很好的大学。

(5) 在家里，弟弟最 [____] 爸爸。

5 문장의 틀린 부분을 바르게 고쳐 보세요.

(1) 妹妹年纪还小，什么不懂。

→ ～～～～～～～～～～～～～～～～～～～～～～～～

(2) 服务员，再一碗米饭。

→ ～～～～～～～～～～～～～～～～～～～～～～～～

(3) 这块蛋糕吃来很好吃，你要不要吃一口？

→ ～～～～～～～～～～～～～～～～～～～～～～～～

(4) 都上课，大家安静一点儿！

→ ～～～～～～～～～～～～～～～～～～～～～～～～

(5) 他很能点菜，你就让他点吧。

→ ～～～～～～～～～～～～～～～～～～～～～～～～

听 Listening

1 녹음을 듣고 질문에 대한 답을 고르세요. 🎧 13-01

(1) ① 风沙　　　　　　　　　② 各种各样的花儿

(2) ① 空气很新鲜　　　　　　② 天气太热了

(3) ① 出去玩儿　　　　　　　② 在家里休息

(4) ① 秋天　　　　　　　　　② 春天

(5) ① 很少下雪　　　　　　　② 最低气温达到零下二十八九度

念 Reading

1 다음 문장을 읽어 보세요. 🎧 13-02

(1) 昨天晚上下雨了，今天很凉快。

(2) 韩国是一个半岛国家，有很多地方都离大海很近。

(3) 你们国家一年有几个季节?

(4) 太热了，咱们开空调吧。

(5) 我最喜欢冬季，因为我喜欢雪。

(6) 夏季可以游泳，多好啊!

(7) 你看，春天来了，树叶都绿了。

1 한자를 병음으로 써 보세요.

(1) 围 _____   (2) 岛 _____

(3) 预 _____   (4) 夜 _____

(5) 刮 _____   (6) 燥 _____

(7) 季 _____   (8) 叶 _____

2 병음을 한자로 써 보세요.

(1) gānzào _____   (2) fēngshā _____

(3) kōngtiáo _____   (4) xīnxiān _____

3 병음으로 된 문장을 중국어 문장으로 바꾸어 보세요.

(1) Míngtiān kěnéng huì liángkuai yìdiǎnr.

→ _____

(2) Wǒ juéde qiūjì zuì hǎo.

→ _____

(3) Xiàtiān de Běijīng rè de yàomìng.

→ _____

(4) Nà tīng nǐ de.

→ _____

4 문맥에 맞게 보기에서 적절한 단어를 골라서 빈칸을 채우세요.

> 보기   季节   实在   气温   凉快   风沙

(1) 今天的最高 [_____] 是多少度？

(2) 你们国家一年有几个 [_____] ？

(3) 现在是九月，天气 [_____] 了。

(4) 每年这个时候都会有 [_____] ，非常不舒服。

(5) 你给的 [_____] 太多了。

5 문장의 틀린 부분을 바르게 고쳐 보세요.

(1) 天气太热了，他哪儿不想去。

→ _____

(2) 听了他的那句话，她心很不舒服。

→ _____

(3) 你怪不得那么胖，你应该少吃甜的！

→ _____

(4) 春天了，各种各样的花也开了。

→ _____

(5) 一年四季，我真喜欢夏天了。

→ _____

听 Listening

1 녹음을 듣고 질문에 대한 답을 고르세요. 🎧 14-01

(1) ① 节目太多，不容易选择   ② 电视节目太无聊了

(2) ① 体育节目   ② 新闻节目

(3) ① 没有比足球节目更有趣的节目   ② 足球迷越来越多

(4) ① 很多国家的比赛   ② 只能看到中国队的比赛

(5) ① 乒乓球   ② 排球

念 Reading

1 다음 문장을 읽어 보세요. 🎧 14-02

(1) 我已经报名参加下学期的学习了。

(2) 观众都在喊："加油！"

(3) 很多青年人都喜欢运动。

(4) 现在老师让我们自由谈话。

(5) 今天晚上我们有晚会，你能参加吗?

(6) 妈妈总是不放心我一个人出去。

(7) 你已经结婚了吗?

1 한자를 병음으로 써 보세요.

(1) 游 _____ (2) 迷 _____

(3) 青 _____ (4) 免 _____

(5) 棒 _____ (6) 婚 _____

(7) 恼 _____ (8) 球 _____

2 병음을 한자로 써 보세요.

(1) zìyóu _____ (2) fàng xīn _____

(3) xiànchǎng _____ (4) zhīchí _____

3 병음으로 된 문장을 중국어 문장으로 바꾸어 보세요.

(1) Xuéxiào zǔzhī le yóu yǒng bǐsài.

→ _____

(2) Wǒ qǐng nǐ chī fàn.

→ _____

(3) Shì nǎ liǎng ge duì de bǐsài?

→ _____

(4) Yǒu ge péngyou sòng le wǒ liǎng zhāng piào.

→ _____

4 문맥에 맞게 보기에서 적절한 단어를 골라서 빈칸을 채우세요.

> 보기　　　受　　上　　迷　　就　　跟

(1) 我总是一回家 [　　　　　] 打开电视。

(2) 我常常 [　　　　　] 我的朋友一起打网球。

(3) 世界 [　　　　　] 没有免费的东西。

(4) 在中国，韩国商品很 [　　　　　] 大家的欢迎。

(5) 他很爱看电影，是个影 [　　　　　] 。

5 문장의 틀린 부분을 바르게 고쳐 보세요.

(1) 起来看不结婚也有好处。

　→

(2) 他不太会喝酒。他能喝不了那么多酒吗？

　→

(3) 学生努力学习是当然。

　→

(4) 他游不怎么快。

　→

(5) 新经理对公司带来了很多变化。

　→

15 과

听 Listening

1 녹음을 듣고 질문에 대한 답을 고르세요. 🎧 15-01

(1) ① 现金 　　　　　　　　② 银行卡

(2) ① 没钱也可以买东西 　　② 必须到银行去办卡

(3) ① 刷卡 　　　　　　　　② 移动支付

(4) ① 手机 　　　　　　　　② 银行卡

(5) ① 在全国大部分地区能使用 　② 只能在大城市

念 Reading

1 다음 문장을 읽어 보세요. 🎧 15-02

(1) 过去我不了解中国，现在了解一些了。

(2) 我从来没见过这样的服务员。

(3) 我没有这方面的经验，我看只有王先生能解决这个问题。

(4) 刷卡买东西很方便。

(5) 我朋友在学校附近租了一个房子。

(6) 我家的厨房很大，因为我妻子最喜欢做饭。

(7) 告诉你一个好消息，我找到工作了。

1 한자를 병음으로 써 보세요.

(1) 租 ☐ (2) 竟 ☐

(3) 厨 ☐ (4) 替 ☐

(5) 袋 ☐ (6) 刷 ☐

(7) 塞 ☐ (8) 概 ☐

2 병음을 한자로 써 보세요.

(1) yīkào ☐ (2) shǒuxuǎn ☐

(3) tòuzhī ☐ (4) jìn lì ☐

3 병음으로 된 문장을 중국어 문장으로 바꾸어 보세요.

(1) Nǐ zhīdào zěnme zhǎo fángzi ma?

→ ~~~~~~

(2) Wǒ cónglái méi zūguo fángzi.

→ ~~~~~~

(3) Xià bān wǒ gēn nǐ yìqǐ qù.

→ ~~~~~~

(4) Wǒ xiǎng mǎi diǎnr chúfáng yòng de dōngxi.

→ ~~~~~~

4 문맥에 맞게 보기에서 적절한 단어를 골라서 빈칸을 채우세요.

> 보기 　　　尽力　　　口袋　　　从来　　　更　　　究竟

(1) 我听说他 _____ 不看外国电影，为什么这次看了呢？

(2) 这个工作她做比我做 _____ 好。

(3) 你 _____ 同意不同意？

(4) 我的衣服上没有 _____ ，不知道手机要放哪里才好呢。

(5) 他已经 _____ 了，别批评他了。

5 문장의 틀린 부분을 바르게 고쳐 보세요.

(1) 请向你爸爸妈妈替我问好。

　➡ ～～～～～～～～～～～～～～～～～～～～～～～～～～～～～～～

(2) 大概她有多大了？

　➡ ～～～～～～～～～～～～～～～～～～～～～～～～～～～～～～～

(3) 你究竟去吗？

　➡ ～～～～～～～～～～～～～～～～～～～～～～～～～～～～～～～

(4) 如果你有什么问题，尽力我会帮你。

　➡ ～～～～～～～～～～～～～～～～～～～～～～～～～～～～～～～

(5) 爸爸替人办事，从来希望别人酬谢。

　➡ ～～～～～～～～～～～～～～～～～～～～～～～～～～～～～～～

16 과

听 Listening

1 녹음을 듣고 질문에 대한 답을 고르세요. 🎧 16-01

(1) ① 学习的时间 ② 休息的时间

(2) ① 因为个人事情只能留到周末做 ② 因为平时都做不完工作

(3) ① 星期一要上班 ② 习惯了

(4) ① 周末时间 ② 平时下班回家以后

(5) ① 周末出去玩儿 ② 周末在家里看电视

念 Reading

1 다음 문장을 읽어 보세요. 🎧 16-02

(1) 我明天搬家，现在住得离学校太远了。

(2) 他是我们的老板，是个很聪明的人。

(3) 北京动物园的动物很多。

(4) 这个周末我不能回家了，公司要我们加班。

(5) 他们夫妇两个都工作，所以没有时间。

(6) 中国的女人不但要工作，还要做家务，非常辛苦。

(7) 如果你有时间，打扫一下你的房间吧。

1 한자를 병음으로 써 보세요.

(1) 销 [　　　　　]　　(2) 绩 [　　　　　]

(3) 备 [　　　　　]　　(4) 扫 [　　　　　]

(5) 妇 [　　　　　]　　(6) 孩 [　　　　　]

(7) 睡 [　　　　　]　　(8) 脏 [　　　　　]

2 병음을 한자로 써 보세요.

(1) jiā bān [　　　　　]　　(2) nǔlì [　　　　　]

(3) nánguài [　　　　　]　　(4) jiāwù [　　　　　]

3 병음으로 된 문장을 중국어 문장으로 바꾸어 보세요.

(1) Tā rènwéi xuéxí shì zuì zhòngyào de shìqing.

→

(2) Tā zhǎo de fángzi lí xuéxiào hěn jìn.

→

(3) Kànlái zhè cì yòu pábuchéng le.

→

(4) Tāmen liǎ zài gōngsī xiāoshòubù gōngzuò.

→

4 문맥에 맞게 보기에서 적절한 단어를 골라서 빈칸을 채우세요.

> 보기   只好   就是   只有   以为   要命

(1) 你要找的电影院在那儿，车站前边 _____ 。

(2) 听说了这个消息，他高兴得 _____ 。

(3) 我一直 _____ 她是中国人，昨天她告诉我她是韩国人。

(4) _____ 努力听老师讲课，才能取得好成绩。

(5) 因为身体不舒服，他 _____ 不去上班。

5 문장의 틀린 부분을 바르게 고쳐 보세요.

(1) 他每天很忙工作，所以没有时间陪女朋友玩儿。

→ _____

(2) 只要你努力，才能得到别人的理解。

→ _____

(3) 这个电影我已经看过两趟了，很好看。

→ _____

(4) 我打算明天一起跟朋友去看电影。

→ _____

(5) 如果你没有时间，就那么以后再说吧。

→ _____

WORKBOOK

모범 답안 및
녹음 지문

听 Listening

1 (1) ②　　　　　　　　(2) ①
(3) ②　　　　　　　　(4) ②
(5) ②

녹음지문

　　韩亚国际贸易公司是韩国的一家从事进出口的公司。公司主要进行国际贸易方面的工作，跟这个公司有生意往来的亚洲国家很多，其中跟中国的贸易额是最大的。李贤秀在中国学完汉语以后，来到了这家公司工作，公司现在很缺少汉语好的人，所以公司的人很欢迎他。

　　到公司的第一天，人事经理金先生给他介绍了公司的情况，并且带他到他要工作的市场部，介绍他认识了经理张浚成先生，张先生对李贤秀来工作很高兴，又给他介绍了其他同事。李贤秀也很高兴，因为他在这个公司工作，可以用他学过的汉语，还可以用他学过的国际贸易方面的知识。

(1) 韩亚公司是哪国公司？
(2) 这是一家什么公司？
(3) 和韩亚公司有生意往来的国家里，最重要的是哪个国家？
(4) 公司为什么录用李贤秀？
(5) 人事经理姓什么？

写 Writing

1 (1) shú　　　　　　(2) kuàng
(3) tiān　　　　　　(4) mào
(5) é　　　　　　　(6) lù
(7) quē　　　　　　(8) yà

2 (1) 对象　　　　　　(2) 尽管
(3) 经理　　　　　　(4) 其他

3 (1) 以后请大家多指教。
(2) 一定会有很多东西要向张经理请教。
(3) 欢迎加入我们公司。
(4) 现在跟中国的贸易额是最大的。

4 (1) 给　　　　　　　(2) 尽管
(3) 因为　　　　　　(4) 向
(5) 以后

5 (1) 我来给大家介绍一下儿。
(2) 美英来中国学习是因为她对中国历史很感兴趣。
(3) 我有很多问题要向您请教。
(4) 他们就要来我们公司工作了。
(5) 我还看过很多中国电影。

听 Listening

1 (1) ②　　　　　　　　(2) ②
(3) ②　　　　　　　　(4) ②
(5) ①

녹음지문

　　韩亚国际贸易公司市场部的办公室很大，办公室最里边儿的小房间是经理张先生的办公室。李贤秀的桌子在窗户旁边。公司的秘书朴小姐给他介绍了公司的办公环境，她告诉李贤秀，从办公室出来，走廊左边最后一个房间是卫生间，右边最后一个房间是休息室，也是咖啡室。

　　公司的大部分办公用品都放在楼梯拐角的一个房间里，有一位申代理专门负责管理，但是一般李先生自己不用来，因为如果他有什么事或者需要什么，只要通知朴小姐就可以了。朴小姐会帮他办好的。

(1) 市场部的办公室怎么样？
(2) 李贤秀的桌子在哪儿？
(3) 公司的办公用品由谁管理？
(4) 办公用品放在什么地方？
(5) 适合录音的主题是什么？

写 Writing

1 (1) mì　　　　　　　(2) wèi
(3) chōu　　　　　　(4) yìn
(5) yān　　　　　　(6) tī
(7) qiān　　　　　　(8) huán

2 (1) 幽默　　　　　　(2) 条子
(3) 专门　　　　　　(4) 拐角

3 (1) 如果记错了，可就麻烦了！
(2) 请您跟我来吧。

(3) 只要签个字就可以了。

(4) 这是我的工作。

4 (1) 根本　　　　　　(2) 专门

(3) 管理　　　　　　(4) 只要

(5) 如果

5 (1) 今天晚上你去看电影还是去看京剧？

(2) 你只要签字就可以了。

(3) 从这儿出去，走到头儿就是卫生间。

(4) 如果记错了，可就麻烦了！

(5) 请您跟我来吧。

03과

听 Listening

1 (1) ①　　　　　　(2) ①

(3) ②　　　　　　(4) ②

(5) ②

녹음
지문
　　　现在，学习外语的人越来越多了，很多人都认识到，外语就像打开不同世界大门的钥匙，有了这把钥匙，你就可以看到一个新的世界，知道一些新的知识。而且，现在国际间的文化、贸易交流越来越多，掌握一门外语，工作的机会也多了一些。

　　　也有一些人觉得外语很难学，不知道怎么学才能学好。甚至常常有人希望找到一个捷径来快速地学好外语。其实，学习外语没有什么捷径，但是有一些方法比较有效倒是真的。比如，最好的学习方法是找到你要学习的语言的语言环境，比如留学，跟外国人交朋友，常常用外语交流等。还有就是要多听、多说、多练、多记。语言的运用是一个熟练的过程，只要多练习，一定会很快学会的。

(1) 根据录音外语像什么一样？

(2) 掌握了外语，你可能得到什么？

(3) 根据录音，为了有更多的工作机会，我们应该怎么样？

(4) 根据录音，学习外语有捷径吗？

(5) 学习外语的最好方法是什么？

写 Writing

1 (1) kuā　　　　　　(2) qū

(3) jié　　　　　　(4) jìng

(5) fǎng　　　　　　(6) qiān

(7) chéng　　　　　　(8) sù

2 (1) 区别　　　　　　(2) 了解

(3) 谦虚　　　　　　(4) 捷径

3 (1) 你的汉语越来越流利了。

(2) 您过奖了。

(3) 汉语的发音并不是特别难。

(4) 习惯了就不难了。

4 (1) 对　　　　　　(2) 关于

(3) 夸奖　　　　　　(4) 不仅

(5) 发现

5 (1) 我觉得自己还差得远呢。

(2) 学习的词汇多了，就知道这些发音的区别了。/ 学习的词汇多了，才知道这些发音的区别。

(3) 我对汉语有一些了解。

(4) 韩语很难，特别是韩语的发音。

(5) 他不仅是我的朋友，也是你的朋友。

04과

听 Listening

1 (1) ①　　　　　　(2) ②

(3) ①　　　　　　(4) ①

(5) ②

녹음
지문
　　　有时候，人会有一些坏运气。比如说，你要找的东西怎么找也找不到，你要做的事，怎么做也做不好等等。其实，这些都跟运气没什么关系，而是跟人的身体、心情、习惯等有关系。比如，如果你工作太累，身体状况不太好，做事出现问题的可能就比较大；心情不好、着急、生气等等也会使你觉得做事不顺利；还有一个比较重要的方面就是一个人的生活习惯，如果平时总是没有条理，丢三落四，那么在需要一些东西的时候就比较容易找不到。

　　　有时候，一个人对待第一个出现的不顺利的事的态度也会影响到后面的事情，就是说，如果你把第一个不顺利的事看作坏运气的开始的话，后面的坏运气往往会跟着来；相反，如果你不是这样看，只是把出现的第一个问题看作一个单独的问题，解决了就没问题了，不影响你的心情的话，后面的事也会顺利得多。

녹음 지문

(1) 根据录音，坏运气跟什么有关系？

(2) 对待坏运气应该是什么态度？

(3) 常遇到坏运气的人，可能是什么样儿的人？

(4) 工作太累了，会影响工作吗？

(5) 这段话是关于什么的内容？

写 Writing

1 (1) liǎn   (2) xìng

(3) hù   (4) gǎn

(5) xiǎng   (6) liào

(7) diū   (8) kuī

2 (1) 态度   (2) 毛病

(3) 对待   (4) 丢三落四

3 (1) 这些都跟运气没什么关系。

(2) 昨天根本就没人来过我的宿舍。

(3) 我平时就有个丢三落四的毛病。

(4) 解决了就没问题了。

4 (1) 透   (2) 给

(3) 被   (4) 跟

(5) 陪

5 (1) 肚子有点儿疼，没什么。

(2) 老师说得太快了，我怎么也听不懂。

(3) 不管他去不去，反正我不去。

(4) 他能不能参加我的生日晚会？

(5) 公司交给我一个翻译材料。

05과

听 Listening

1 (1) ①   (2) ②

(3) ①   (4) ①

(5) ②

现在，因为各种原因出门旅行的人越来越多了，有的人是因为要到别的地方学习，有的人是因为到外地工作，也有人只是为了到一个自己不熟悉的地方去玩儿玩儿，看看。这就带来了一个新的问题，就是交通，怎么才能更快、更安全地到达自己想去的地方呢？

在中国，大部分人还是选择了火车这种方式，跟汽车比较起来，火车更舒服，也更快，更安全，而且比飞机便宜很多。但要坐火车的人太多，也有一些新的问题，比如，到了春节、寒假、暑假等时间，买火车票就比较难了。当然，这不是一个简单的问题，可能还要很长时间才能使人们在买火车票的时候不觉得难。

如果事情比较急，那人们就会选择飞机，因为大部分时间飞机票都不是特别难买的，只是有时会贵一点儿，有时就比较便宜。

녹음 지문

(1) 人们出门旅行的原因是什么？

(2) 旅行的人太多，会导致什么问题？

(3) 中国人更喜欢怎么去旅行？

(4) 为什么人们选择坐火车？

(5) 飞机每天的票价都一样吗？

写 Writing

1 (1) pù   (2) yìng

(3) shǔ   (4) hán

(5) háng   (6) zī

(7) zé   (8) wò

2 (1) 春节   (2) 东方

(3) 时刻表   (4) 交通

3 (1) 我想买一张星期四晚上到长沙的票。

(2) 出门旅行的人越来越多了。

(3) 您要订哪天的机票？

(4) 没关系，我就买这个吧。

4 (1) 趟   (2) 过去

(3) 不过   (4) 从

(5) 跟

5 (1) 信昨天已经给他寄过去了。

(2) 你能告诉我你的电话号码是多少吗？

(3) 我从明天起去跑步。

(4) 有急事，他才会选择坐飞机。

(5) 跟以前比较，现在越来越多的人喜欢出门旅行了。

06과

听 Listening

1 (1) ②　　　　　　　(2) ①

(3) ①　　　　　　　(4) ②

(5) ①

녹음 지문

在中国文化中，人和人的关系非常重要。一般中国人认为，自己和上级、下属、同事的关系，自己和家庭的关系都是最重要的。除了上面说的两种关系以外，再有就是朋友之间的关系了。大部分人觉得朋友比金钱更重要。朋友多的人总是受到人们的尊重和喜爱。人们说这样的人人际关系好。有时候，要办一些事情，也确实需要朋友们的帮助，而且，有了朋友，就不太容易寂寞。

不过，随着社会的快速发展，现代人的观念跟以前也不完全一样了。比如说，现在服务业比较发达，人们在生活方面需要朋友的帮助已经不像以前那么多了；而且，现在的城市生活越来越忙，人们越来越没有时间跟朋友在一起了。因此，现在有很多都市里的年轻人，下班以后找不到朋友，只能一个人呆在家里了。

(1) 中国文化中，最重要的是什么？

(2) 人们对朋友多的人的看法怎么样？

(3) 人际关系好是什么意思？

(4) 现在人们的想法跟以前一样吗？

(5) 为什么现在的人朋友越来越少？

写 Writing

1 (1) hāi　　　　　(2) jì

(3) jù　　　　　(4) wù

(5) dāi　　　　　(6) dú

(7) kē　　　　　(8) bì

2 (1) 学历　　　　　(2) 人际

(3) 寂寞　　　　　(4) 下属

3 (1) 我想亲自体验和了解一下。

(2) 我们有五六年没见面了吧？

(3) 大家高中毕业以后见面的机会就不多了。

(4) 你这些年过得好吗？

4 (1) 才　　　　　　(2) 对

(3) 次　　　　　　(4) 先

(5) 上

5 (1) 他还没有大学毕业。

(2) 我和高中同学有三四年没见过面了。

(3) 我的美国朋友对中药很感兴趣。

(4) 现在他和家人在一起。

(5) 周末他喜欢一个人呆在家里。

07과

听 Listening

1 (1) ①　　　　　　(2) ②

(3) ①　　　　　　(4) ②

(5) ①

녹음 지문

"民以食为天"是中国的一句古话，可见，"吃"在中国是多么重要的事。不但普通家庭非常讲究每天吃什么，怎么吃，而且很多重要的商业活动也跟"吃"有关。大部分做生意的人喜欢跟自己的生意伙伴一起吃饭，因为一般中国人认为，一起吃饭可以使双方的感情更好，事情也更容易办。所以，外国人到中国做生意，一定要了解中国的这个特点，如果你不接受你的生意伙伴的宴请，那生意做得恐怕就没有那么顺利，同时也应该在适当的时候回请中国人，这样也能使你的生意伙伴觉得你尊重他，愿意跟他合作。有时候，一些生意上的问题在开会的时候可能不容易解决，但在吃饭的过程中却可以得到解决。

朋友聚会也常常以吃饭为主要的形式，当然，这些时候，吃什么往往不是那么重要，重要的是，大家坐在一起，像家人一样亲热，很多事情就比较好沟通了。

(1) 根据录音中国人在生活里最讲究什么？

(2) 在中国做生意的人为什么喜欢跟生意伙伴一起吃饭？

(3) 如果中国人请你吃饭，你应该怎么办？

(4) 中国朋友请你吃饭了，以后你应该怎么办？

(5) 朋友聚会的时候，大家常常一起干什么？

写 Writing

1 (1) cān (2) gōu
(3) gǔ (4) diàn
(5) huǒ (6) bàn
(7) shì (8) yàn

2 (1) 宴请 (2) 工作餐
(3) 分公司 (4) 感情

3 (1) 我们经理让我来接你们。
(2) 你们路上辛苦了。
(3) 你们想得很周到。
(4) 我们以后互相帮助吧。

4 (1) 以后 (2) 为
(3) 地 (4) 句
(5) 接

5 (1) 他们有几年没有见面了。
(2) 请你们跟我来。
(3) 妈妈不让我吃。
(4) 他做生意做得没有那么顺利。
(5) 一起吃饭可以使双方的感情更好。

08과

听 Listening

1 (1) ② (2) ②
(3) ① (4) ②
(5) ①

现在，人们业余时间可以选择的娱乐方式越来越多了。比如可以跟朋友们一起去唱歌儿，也可以去舞厅跳舞，还可以去咖啡馆喝咖啡。电影院、剧场、百货商店，人们可以去的地方非常多。

由于平时的工作学习都比较累，因此周末人们一般都要找个地方休息一下。除了上

面说的这些，还有很多人喜欢户外活动，比如爬山、钓鱼、野营等各种活动。这些活动不仅可以使人放松，而且可以锻炼身体，让人更健康。

也有一些人喜欢打牌、看电视等娱乐方式，但大部分人还是认为户外活动对人更好，所以，现在到了周末，郊区就成了人们最喜欢去的地方。

(1) 录音里没有提到的娱乐方式是什么？

(2) 为什么人们周末要休息？

(3) 哪个属于户外活动？

(4) 录音里提到的户外活动的好处是什么？

(5) 打牌、看电视属于什么？

写 Writing

1 (1) pá (2) diào
(3) pái (4) jiāo
(5) yú (6) gé
(7) tán (8) yě

2 (1) 风格 (2) 酒吧
(3) 野营 (4) 舞厅

3 (1) 我们不仅吃了有特色的菜，而且喝了很好的酒。
(2) 如果有时间可以一起去唱歌。
(3) 他们三个人一边喝酒，一边聊天。
(4) 在这里吃饭的人很多。

4 (1) 谈不上 (2) 由于
(3) 特色 (4) 使
(5) 的

5 (1) 他一边走路一边吃零食的习惯很不好。
(2) 明天他们就要回国了。/ 明天他们要回国了。
(3) 他高兴地说："非常好，非常好！"
(4) 你妈妈做的菜越吃越好吃。
(5) 他不爱喝酒，不常去酒吧。

听 Listening

1 (1) ①　　　　　　　　(2) ②
(3) ①　　　　　　　　(4) ②
(5) ①

녹음 지문

　　现在各个商场为了吸引顾客，都想出了各种各样的办法。比如有的商场会在某些时间里推出特价商品，这些商品并没有什么问题，只是因为颜色、款式等方面的原因，买的人不多，于是就低价出售了。还有一些商品因为号码不全了也会打折出售。有的商场给顾客奖品，只要你买了多少钱的东西，就有相应的奖品送给你。还有一种方式是返还给顾客一些购物券，这些购物券在商场里可以当钱用，买东西。最常见的方式是在顾客买了价值很贵的东西以后，发给顾客会员卡，有会员卡的顾客可以在买一般的东西的时候也打折，而且如果你在这个商场买了很多东西，到了年底，商场还会返还给你一定数量的购物券或者礼物，感谢你买了商场的东西，同时也希望下一年你还能到这个商场来买东西。

　　其实，对顾客来说，打不打折当然重要，可是如果没有任何打折，但所有的商品都能做到货真价实，顾客也一样愿意来买。

(1) 什么样儿的情况商场可能打折出售商品？
(2) 录音里没有提到的吸引顾客的方法是什么？
(3) 特价商品的价格会怎么样？
(4) 利用购物券可以做什么？
(5) 对顾客来说，买东西时最重要的是什么？

写 Writing

1 (1) huá　　　　　　　(2) kuǎn
(3) xī　　　　　　　　(4) yǐn
(5) gòu　　　　　　　(6) fǎn
(7) jiǎng　　　　　　(8) huò

2 (1) 年纪　　　　　　　(2) 包装
(3) 奖品　　　　　　　(4) 款式

3 (1) 我想给妈妈买一件大衣。
(2) 我妈妈的个子跟你差不多。

(3) 我们周末打八折。
(4) 那就没有办法了。

4 (1) 年纪　　　　　　　(2) 款式
(3) 奖品　　　　　　　(4) 艳
(5) 吸引

5 (1) 这件大衣你穿挺不错的。
(2) 只要多听多说多练习，大家都会说好汉语的。
(3) 这款式的原价1800块，现在打二折才360块。/
这款式的原价1800块，现在打八折才1440块。
(4) 他想了很长时间，终于想出了一个好办法。
(5) 对我来说，没有比打折更吸引我的。

听 Listening

1 (1) ①　　　　　　　　(2) ②
(3) ①　　　　　　　　(4) ①
(5) ②

녹음 지문

　　中国人常说"有什么别有病，没什么别没钱"。的确，生病是最糟糕的事了，一旦生病，自己的学习、工作都要耽误；不但要花很多钱，而且身体的那种不舒服是没有病的人根本就不能体会的。还有就是会给家人、朋友也添不少麻烦。所以说，谁也不想生病。可是，是不是生病，自己又不能决定。有时候，自己一点儿也不觉得，病就来了，特别是现在城市里的年轻人，往往觉得自己还年轻，身体好，不在乎，常常在工作学习到非常累的情况下，才想起来去休息；而且因为现在工作的压力越来越大，人们的时间也越来越少，只有一少部分人能坚持锻炼身体，所以得病的人就越来越多。现在人得病的另一个重要原因是我们的食品不像以前那么健康了，虽然食物的种类越来越多了，可是食品的质量却越来越差了，所以现在人们都喜欢"绿色食品"。

(1) "有什么别有病"是什么意思？
(2) 生病会耽误什么？
(3) 除了要花很多钱，生病以后还有什么不好的方面？
(4) 现在城市里的年轻人可能是因为什么容易生病？
(5) 为了健康，人们应该坚持什么？

写 Writing

1 (1) yào   (2) mìng

   (3) sǎng   (4) kùn

   (5) jìng   (6) cè

   (7) dàn   (8) lǜ

2 (1) 要命   (2) 的确

   (3) 嗓子   (4) 受凉

3 (1) 最近我比较累。

   (2) 有什么别有病。

   (3) 哪有时间啊?

   (4) 昨天有点受凉了。

4 (1) 生病   (2) 累

   (3) 却   (4) 都

   (5) 哪

5 (1) 其实,他根本没学过汉语。

   (2) 你感冒了,千万不要出去。

   (3) 昨天没睡好,现在困得要命。

   (4) 周末在家吧,太无聊了;出去玩儿吧,太麻烦了。

   (5) 他学习很好,却没有考上大学。

11과

听 Listening

1 (1) ①   (2) ②

   (3) ①   (4) ①

   (5) ②

녹음 지문

    以前,人们常说中国是一个自行车王国,这并不夸张。中国的自行车非常多,可以说,几乎每一个家庭都有一辆甚至更多自行车,有的家庭差不多每人一辆。自行车是中国人的主要交通工具之一,在一些小城市和乡村,自行车比公共汽车发挥着更大的作用,因为,那些地方常常没有公共汽车或公共汽车很少,所以没有自行车就会非常不方便。

    就是在大城市里,自行车也同样非常重要。大城市的交通问题是堵车非常严重,有时去一个地方,如果坐公共汽车的话,加上等车和堵车的时间,比骑自行车要慢很多。

    现在人们骑自行车还有一个原因,大部分人认为骑自行车对身体有好处。现在大家工作越来越忙,根本没有时间锻炼身体,所以能在上班的路上锻炼一下身体,也是个不错的选择。

녹음 지문

(1) 为什么以前常说中国是自行车王国?

(2) 乡村里更常见到的交通工具是什么?

(3) 乡村里骑自行车会怎么样?

(4) 为什么大城市里的人也愿意骑自行车?

(5) 骑自行车的好处是什么?

写 Writing

1 (1) nǐng   (2) sōng

   (3) dān   (4) jǐ

   (5) tíng   (6) chéng

   (7) luó   (8) huī

2 (1) 乡村   (2) 夸张

   (3) 公交车   (4) 几乎

3 (1) 我刚才看见你了。

   (2) 咱们公司离你家也不太远。

   (3) 我担心骑车上班太累,影响工作。

   (4) 如果好的话,以后就不开车了。

4 (1) 稍   (2) 停

   (3) 担心   (4) 夸张

   (5) 习惯

5 (1) 找地方停车不容易,我现在几乎不开车出去。

   (2) 回家稍晚一点儿就没有吃的了。

   (3) 快要上课啦!

   (4) 他的汉语很好,我还以为他是中国人呢。

   (5) 我家离学校不远,我每天走路上学。

12과

听 Listening

1 (1) ②   (2) ②

   (3) ①   (4) ①

   (5) ①

中国菜闻名世界，几乎每个国家都能看到中国饭馆儿。很多人都很喜欢吃中国菜，觉得中国菜不但好吃，而且好看，用中国人的话说，就是"色、香、味、形"都好，这里"色"是说菜的颜色，要好看，"香"是闻起来有让人想吃的气味儿，"味"当然是味道好吃，"形"是说菜的形状也要好看，而且吃起来要方便。中国饮食文化经过几千年的发展，现在已经形成了几个大的菜系，每个菜系都有自己的特色，每个菜系都有一些拿手菜，几乎是人人爱吃的。

但现在也有一些人觉得中国菜也有一些问题，比如说，以前很多传统的菜，因为没有科学知识，营养方面不够好，还有，大部分中国菜用油比较多，吃起来让人觉得油腻，而且，一般的中国菜做起来时间比较长。现在，这些情况也在一点一点地改变，中国的厨师也在努力学习科学知识，中国菜也在不断发展。我们相信，中国菜一定会越来越好吃，越来越有营养。

녹음 지문

(1) 在世界的各个角落都能看到什么？
(2) 中国菜讲究什么？
(3) 为什么世界各国的人都很喜欢吃中国菜？
(4) 中国饮食文化的历史有多长？
(5) 有些人觉得传统的中国菜有什么问题？

写 Writing

1 (1) guō   (2) yíng
    (3) è   (4) xiāng
    (5) gēng   (6) cháng
    (7) bīng   (8) nì

2 (1) 腊肉   (2) 清淡
    (3) 菊花   (4) 青椒

3 (1) 我吃什么都行。
    (2) 我最怕油腻。
    (3) 咱们去尝尝怎么样？
    (4) 你说得我都饿了。

4 (1) 都   (2) 做
    (3) 其中   (4) 经过
    (5) 怕

5 (1) 妹妹年纪还小，什么都不懂。

(2) 服务员，再来一碗米饭。
(3) 这块蛋糕吃起来很好吃，你要不要吃一口？
(4) 都上课了，大家安静一点儿！
(5) 他很会点菜，你就让他点吧。

13과

听 Listening

1 (1) ①   (2) ②
    (3) ②   (4) ①
    (5) ①

녹음 지문

中国大部分地方一年有四个季节，就是春季、夏季、秋季和冬季。北京的四个季节各有自己的特色。北京人都喜欢春天，因为经过一个寒冷的冬天，人们都可以到外面玩儿了，而且各种各样的花儿都开了，空气也特别新鲜，只是有时候，春天的风沙比较大，这是春天里最让人不喜欢的事儿。北京的夏天很热，而且夏天时间很长，大部分人都不喜欢出去，因为外面实在太热了，在家里，开着空调要舒服一些。秋天是北京最美丽的季节，香山的树叶红了，天气也非常好，不冷也不热，不刮风，也不下雨，这个时候来北京旅游的人也特别多，北京人自己也喜欢出去玩儿。冬天比较冷，有的时候夜里的最低气温可以达到零下十八九度，又不常下雪，所以空气很干燥。

(1) 北京人春天最不喜欢什么？
(2) 北京人觉得北京的夏天怎么样？
(3) 北京人夏天喜欢做什么？
(4) 北京最美的是哪个季节？
(5) 北京的冬天怎么样？

写 Writing

1 (1) wéi   (2) dǎo
    (3) yù   (4) yè
    (5) guā   (6) zào
    (7) jì   (8) yè

2 (1) 干燥   (2) 风沙
    (3) 空调   (4) 新鲜

3 (1) 明天可能会凉快一点儿。

(2) 我觉得秋季最好。

(3) 夏天的北京热得要命。

(4) 那听你的。

4 (1) 气温　　　　　(2) 季节

(3) 凉快　　　　　(4) 风沙

(5) 实在

5 (1) 天气太热了，他哪儿都不想去。

(2) 听了他的那句话，她心里很不舒服。

(3) 怪不得你那么胖，你应该少吃甜的！

(4) 春天了，各种各样的花都开了。

(5) 一年四季，我最喜欢夏天了。

14과

听 Listening

1 (1) ①　　　　　　　　(2) ①

(3) ②　　　　　　　　(4) ①

(5) ①

　　现在的电视节目越来越多，各种节目让人觉得没有办法选择。很多人都喜欢看体育节目，特别是足球比赛，由于足球球迷越来越多，足球节目也就越来越受欢迎。虽然中国足球队的表现不是那么好，但还是有很多中国人支持足球运动。

　　中国的球迷不但可以看到中国队的比赛，同时也能看到很多国家的足球赛，而且通过电视收看这些比赛，几乎跟免费一样便宜。

　　当然，除了足球比赛，其他的各种体育比赛也同样受大家的欢迎，比如中国人最喜欢的乒乓球，国际上比较流行的棒球、网球等比赛也有很多观众。除了看，年轻人也特别喜欢参与各种体育运动，晚上、周末，各个体育馆、体育场都有很多人在运动。

(1) 现在的电视节目有什么问题？

(2) 很多人比较喜欢什么节目？

(3) 为什么足球节目越来越受欢迎？

(4) 中国的球迷能看到哪个国家的比赛？

(5) 除了足球比赛以外，中国人还喜欢看什么运动节目？

写 Writing

1 (1) yóu　　　　　(2) mí

(3) qīng　　　　　(4) miǎn

(5) bàng　　　　　(6) hūn

(7) nǎo　　　　　(8) qiú

2 (1) 自由　　　　　(2) 放心

(3) 现场　　　　　(4) 支持

3 (1) 学校组织了游泳比赛。

(2) 我请你吃饭。

(3) 是哪两个队的比赛？

(4) 有个朋友送了我两张票。

4 (1) 就　　　　　　(2) 跟

(3) 上　　　　　　(4) 受

(5) 迷

5 (1) 看来不结婚也有好处。

(2) 他不太会喝酒。他能喝得了那么多酒吗？

(3) 学生努力学习是当然的。

(4) 他游得不怎么快。

(5) 新经理给公司带来了很多变化。

15과

听 Listening

1 (1) ①　　　　　　　　(2) ①

(3) ②　　　　　　　　(4) ①

(5) ①

　　去商店买东西，已经不像过去那样要带很多现金了。因为很多人都有许多银行卡，这些卡，大部分都可以在商场直接使用。"刷卡"成了城市人主要的付款方式，刷卡既安全又方便，而且有很多卡还可以透支使用，这就更让人觉得方便了。

　　可是现在中国有了比刷卡更方便的支付方式了，那就是移动支付。现在移动支付成为了全国大多数人在消费时首选的支付方式了。相比较于传统的支付方式而言，移动支付更为方便与快捷，人们出门无需再在口袋以及钱包里塞入现金或什么卡之类的，只需依靠一部手机，即可顺利地完成一系列的"买卖"。

(1) 七八十年代，去商店买东西需要带什么？

(2) 刷卡的好处是什么？

(3) 现在在中国最受欢迎的支付方式是什么？

(4) 为了移动支付，必须要有什么？

(5) 现在中国在哪儿可以利用移动支付？

写 Writing

1 (1) zū　　　　　　(2) jìng

(3) chú　　　　　　(4) tì

(5) dài　　　　　　(6) shuā

(7) sāi　　　　　　(8) gài

2 (1) 依靠　　　　　　(2) 首选

(3) 透支　　　　　　(4) 尽力

3 (1) 你知道怎么找房子吗？

(2) 我从来没租过房子。

(3) 下班我跟你一起去。

(4) 我想买点儿厨房用的东西。

4 (1) 从来　　　　　　(2) 更

(3) 究竟　　　　　　(4) 口袋

(5) 尽力

5 (1) 请替我向你爸爸妈妈问好。

(2) 她大概有多大了？

(3) 你究竟去不去？

(4) 如果你有什么问题，我会尽力帮你。

(5) 爸爸替人办事，从来不希望别人酬谢。

16과

听 Listening

1 (1) ②　　　　　　(2) ①

(3) ①　　　　　　(4) ①

(5) ①

周末本来应该是休息的时间，可是因为现在人们的工作越来越忙，很多人平时都在忙工作，自己的事情没有时间做，只好都留到周末再做，这样，周末有时比平时还忙。特别是结了婚有了家庭、孩子以后，很多家庭夫妇两个都上班，家务事就只能放在周末

来做，星期六早上先要把一周的脏衣服洗了，然后还要打扫房间、买菜、陪孩子玩儿或者学习，星期天要给朋友们打打电话，有时要跟朋友们聚会一下，然后准备下周工作要用的资料，等到忙完了，发现一个周末已经过去了，星期天晚上要早点儿睡觉，因为星期一早上还要早起上班。这样，一个周末过完了，才发现自己连看电视、看电影的时间都没有，而且常常是在不知不觉中，周末就已经过去了。所以，现在很多人早早地做好计划，希望在周末的时候可以到郊区、公园玩儿玩儿，但大多数时候计划没有变化快，能去成的时候不太多。

(1) 周末本来应该是什么时间？

(2) 为什么现在很多人周末比平时还忙？

(3) 为什么星期天晚上要早点儿睡觉？

(4) 很多夫妇，什么时候扫卫生？

(5) 现在人们早早地做计划要干什么？

写 Writing

1 (1) xiāo　　　　　　(2) jì

(3) bèi　　　　　　(4) sǎo

(5) fù　　　　　　(6) hái

(7) shuì　　　　　　(8) zāng

2 (1) 加班　　　　　　(2) 努力

(3) 难怪　　　　　　(4) 家务

3 (1) 她认为学习是最重要的事情。

(2) 她找的房子离学校很近。

(3) 看来这次又爬不成了。

(4) 他们俩在公司销售部工作。

4 (1) 就是　　　　　　(2) 要命

(3) 以为　　　　　　(4) 只有

(5) 只好

5 (1) 他每天工作很忙，所以没有时间陪女朋友玩儿。

(2) 只有你努力，才能得到别人的理解。

(3) 这个电影我已经看过两遍了，很好看。

(4) 我打算明天跟朋友一起去看电影。

(5) 如果你没有时间，那么以后再说吧。

新 步步高

步步高

중국어 중급

WORK
BOOK

Since1977

 시사 Dream,
Education can make dreams come true.